中公新書 2673

篠川 賢著

国（くにのみやつこ）造

——大和政権と地方豪族

中央公論新社刊

はじめに

今日、国造《くにのみやつこ》とは何かと問われた場合、大和《やまと》政権の地方官であり、それぞれの地域の有力豪族が任じられたと答えるのが一般的であろう。そしてこの一般的見方に従うならば、当然のことではあるが、国造制と呼ぶべき大和政権の地方支配制度が存在していたということになる。筆者も、この一般的見解に従う者の一人である。

しかし、そうではないとする意見も多く示されている。たとえば、国造は大和政権に従属した地方の豪族をそのように呼んだにすぎないとする説や、いわゆる「大化《たいか》以前」には国造は存在しなかったとする説などである。

また、一般的見方に従うとしても、国造制はいつどのようにして成立した（施行された）のか、国造はどのような役割を果たしたのか、国造とよく並び称される県主《あがたぬし》や稲置《いなき》とはどのような関係にあったのか、そして国造制はいつどのようにして廃止されたのか、これらの問題をはじめとして、多くの点で意見は分かれている。氏姓《しせい》制・部民《べみん》制・屯倉《みやけ》制など、ほかの大和政権の支配制度との関係についても、錯綜《さくそう》した議論が行われている。

要するに、よくわかっていないのである。その第一の理由は、残されている関係史料が少ないということである。国造について考える場合、『古事記《こじき》』『日本書紀《にほんしょき》』（記紀《きき》）が基本的史料になるが、それらの記述には、そのまま事実の記録として信頼することのできない部分が多く含まれている。ほかに『先代旧事本紀《せんだいくじほんぎ》』巻十「国造本紀《こくぞうほんぎ》」も、国造についてのまとまった史料であるが、これはさらに史料的性格に問題が多い。

記紀によれば、国造は第十三代成務《せいむ》天皇の時代に設置されたと記されているが、成務天皇の実在性の問題もあり、これらの記述は事実の伝えとは考えられない。国造制の成立時期については、かつては四、五世紀代に遡《さかのぼ》るとする説が有力であったが、近年では六世紀代に求めるのが一般的である。また廃止については、「大化改新《たいかのかいしん》」で新しい地方支配制度として評《ひょう》制（律令《りつりょう》制下の郡《ぐん》制につながる制度）が施行され、それによって廃止されたとみるのがふつうである。しかし、これについても反対意見はあり、筆者も、国造制は「大化改新」で廃止されたのではないと考えている。

「大化改新」とは何か。これも長い間にわたって議論が続けられている大きな問題である。最近では「大化改新」を高く評価する見解が多いが、かつては「大化改新」の存在そのものを否定する説（大化改新否定論・虚像論）が盛んに唱えられたこともあった。「大化改新」についての基本史料は、『日本書紀』の孝徳《こうとく》天皇の巻（孝徳紀）であるが、孝徳紀の記述は、国造制について考える場合も重要である。

一方、律令制下の八世紀においても、国造が存在したことは事実である。この国造の性格をめぐっても議論が多い。「大化改新」で国造制は廃止されたとする立場からは、律令制下の国造は「大化改新」以前の国造（「旧国造」）とは異なる性格の国造（「新国造」）であったとして、「新国造制」の存在が説かれている。しかし、律令制下の国造を、全国的に代々任命された制度的存在とみるのは疑問である。

本書では、右に述べてきたような国造・国造制をめぐる問題について、さまざまな議論を紹介しつつ、筆者の考えを述べていくことにしたい。

目次

3　国造制の成立過程と磐井の乱　35

第三章　国造の分布と国造の「氏姓」――97

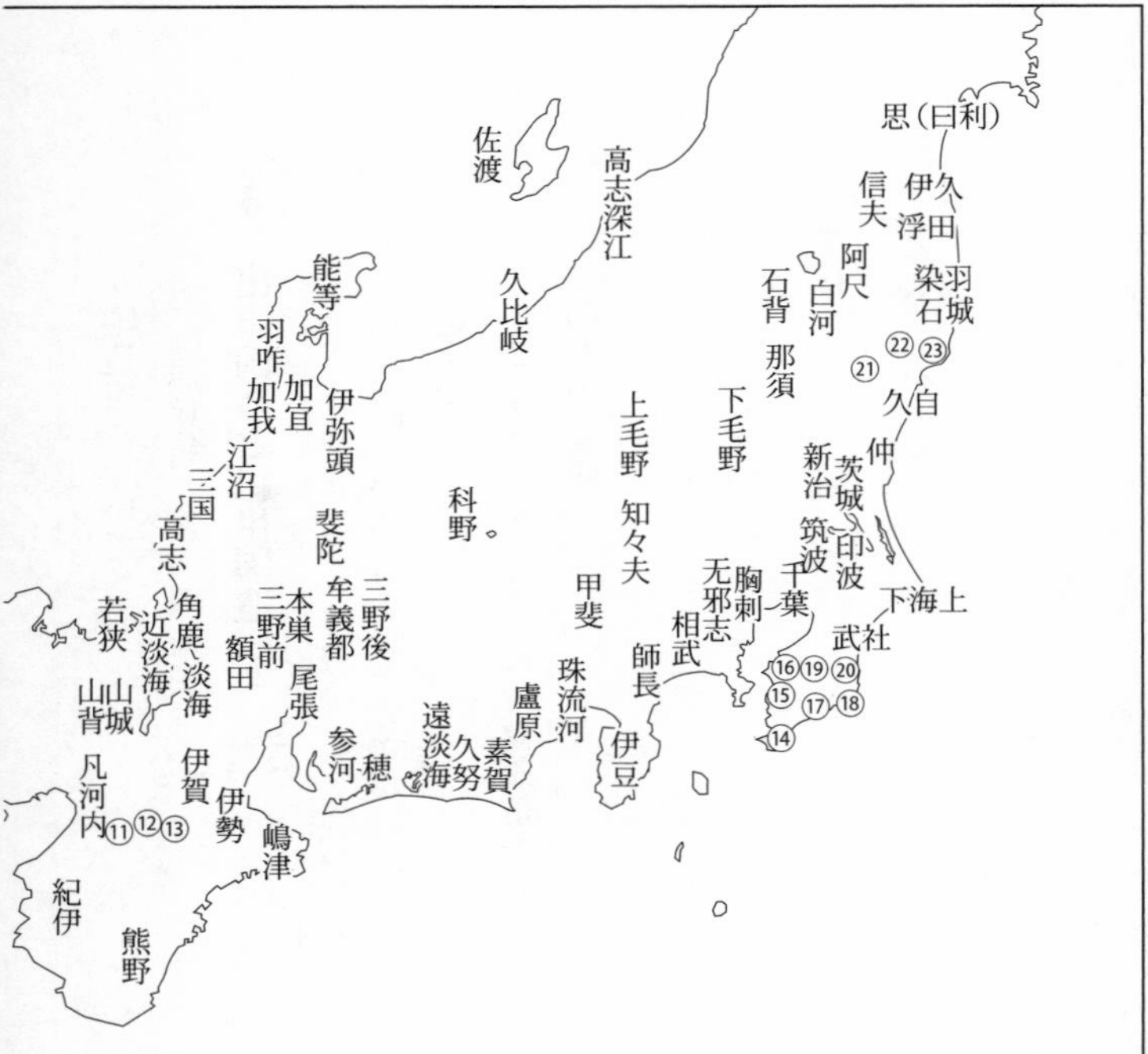

⑪葛城
⑫大倭
⑬闘鶏（都下）

⑭阿波
⑮須恵
⑯馬来田
⑰長狭
⑱伊甚
⑲上海上
⑳菊麻

㉑高（多珂）
㉒道奥菊多
㉓道口岐閇（道尻岐閇）

国造・国造氏の分布

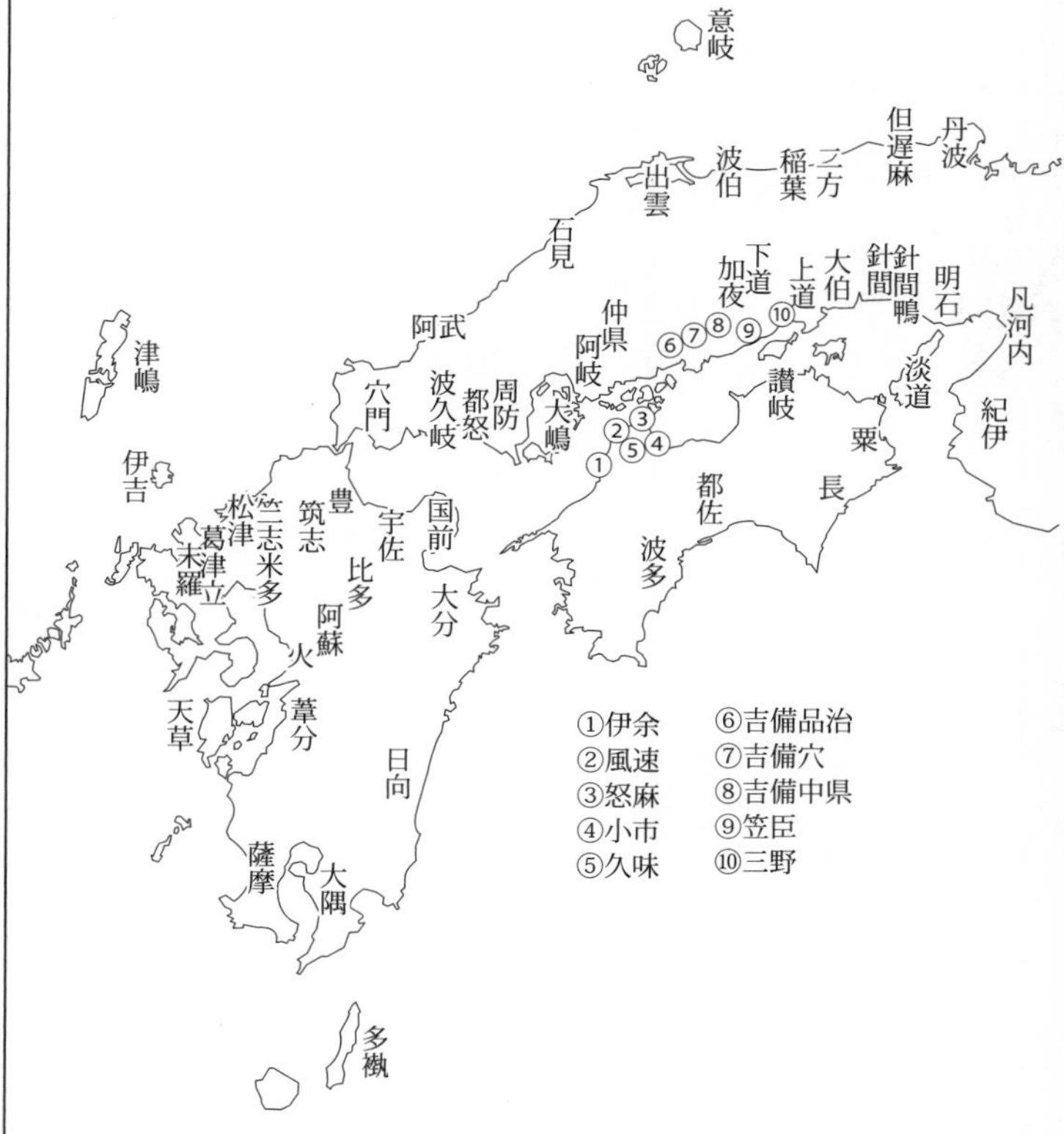
意岐
丹波
但遅麻
二方
稲葉
波伯
出雲
石見
針間鴨
針間
大伯
上道
下道
加夜
明石
凡河内
仲県
阿岐
阿武
津嶋
淡道
紀伊
讃岐
周防
都怒
波久岐
穴門
大嶋
粟
伊吉
豊
筑志
竺志米多
松津
葛津立
末羅
宇佐
国前
比多
阿蘇
大分
都佐
長
波多
火
天草
葦分
日向
薩摩
大隅
多褹
①伊余
②風速
③怒麻
④小市
⑤久味
⑥吉備品治
⑦吉備穴
⑧吉備中県
⑨笠臣
⑩三野

出羽
佐渡
陸奥
越後
能登
北　陸　道
越中
下野
上野
加賀
常陸
飛驒
信濃
東山道
越前
武蔵
若狭
下総
美濃
甲斐
相模
上総
丹波
尾張
山城
近江
三河
駿河
安房
摂津
伊
遠江
畿内
伊賀
豆
河内
和泉
伊勢
志摩
東　海　道
大和
紀伊

令制国

隠岐
山陰道
丹後
但馬
因幡
伯耆
出雲
丹波
美作
播磨
石見
摂津
備後
備中
備前
安芸
山陽道
河内
和泉
淡路
対馬
長門
周防
讃岐
阿波
壱岐
伊予
土佐
紀伊
筑前
豊前
肥前
筑後
豊後
南海道
肥後
西海道
日向
薩摩
大隅

本書における史料の引用は、次のとおりである。

『古事記』『日本書紀』『風土記《ふどき》』は日本古典文学大系、『続日本紀《しょくにほんぎ》』は新日本古典文学大系、『隋書《ずいしょ》』は石原道博《いしはらみちひろ》編訳『魏志倭人伝《ぎしわじんでん》・後漢書倭伝《ごかんじょわでん》・宋書倭国伝《そうしょわこくでん》・隋書倭国伝』（岩波文庫）、「国造本紀」は鈴木正信《すずきまさのぶ》編「校訂　国造本紀」（篠川賢・大川原竜一《おおかわらりゅういち》・鈴木正信編『国造制の研究』八木書店）、『新撰姓氏録《しんせんしょうじろく》』は佐伯有清《さえきありきよ》『新撰姓氏録の研究』考証篇（吉川弘文館）、それぞれの書き下し文による。ただし、旧字体を常用漢字体にするなど、表記を変更した箇所もある。

第一章　国造制はいつどのようにして成立したのか

1　『日本書紀』にみる成立時期

記紀の記述

「はじめに」にも述べたとおり、『古事記』『日本書紀』（記紀）によれば、全国に国造が設置されたのは第十三代成務天皇（なお、天皇の代数は、実在しなかった天皇も含む代数であり、事実を示すものではない）のときであったとされる。まずは、それぞれの記事を引用しておこう。

『古事記』成務天皇段

大国小国《おおくにおくに》の国造《くにのみやつこ》を定め賜ひ、また国々の堺《さかい》、及大県《おおあがた》小県の県主《あがたぬし》を定め賜ひき。

『日本書紀』成務天皇五年九月条

諸国《くにぐに》に令《のりごと》して、国郡《くにこおり》に造長《みやつこおさ》を立て、県邑《あがたむら》に稲置《いなき》を置《た》つ。並に盾矛を賜ひて表《しるし》とす。則《すなわ》ち山河を隔《さか》ひて国県《くにあがた》を分ち、阡陌《たたさのみちよこさのみち》に随《したが》ひて、邑里《むら》を定む。

『古事記』には、大小の国造と、その国々の境界を定め、あわせて大小の県の県主を定めたとある。ここに「大国小国の国造」とあるのは、「大小さまざまな諸国の国造」という意味であり、国造に「大国造」と「小国造」の二種類があったことを示すものではない。「大県小県の県主」についても、同様である。

『日本書紀』に「国造」の語はみえないが、「造長」とあるのが国造を指すことは明らかであろう。諸国に国造と稲置を置き、それぞれの境界を定めたというのが『日本書紀』の文意である。この記事の直前の成務天皇四年二月朔《ついたち》条には、「詔《みことのり》して曰《のたま》はく、……今より以後《のち》、国郡に長《おさ》を立《お》き、県邑に首《かみ》を置《た》てむ。即ち当国の幹了《おさおさ》しき者を取りて、其《そ》の国郡の首長《ひとごのかみ》に任《ま》けよ。」とあり、これによれば、「国郡の長」（国造）や「県邑の首」（稲置）には、「当国の幹了しき者」(それぞれの地域における、その地位にふさわしい者)を任命しなさいというのである。『日本書紀』においては、国造は在地の有力者(地方豪族)が任じられたという認識のあったことが指摘できる。

『古事記』と『日本書紀』では、県主と稲置の違いはあるが、国造とその国々の境界を定めたという点では一致している。おそらく記紀に共通する原資料においては、成務天皇の時代に国造とその国の境界を定めたという記述(ないしは伝え)があったのであろう。

成務天皇の実在性

しかし、成務天皇については、その実在性に疑問が持たれている。もちろん「成務天皇」という呼称は、あとから付けられた名である。「成務」など、漢字二字で表記される天皇の名は漢風諡号《かんぷうしごう》(中国風の諡《おくりな》)と呼ばれるが、記紀の天皇の漢風諡号は、奈良時代の中頃にまとめて付けられたものと考えられている。(1) すなわち、もともと記紀にはなかった呼称である。

また、「天皇」号についても、記紀においては、初代神武《じんむ》天皇から用いられているが、実際には、早くとも第三十三代推古《すいこ》天皇の七世紀前半(おそらくは第三十九代天武《てんむ》天皇の七世紀末)に成立した称号である。したがって、ここでいう成務天皇の実在性とは、のちにそのように名づけられた人物の実在性ということである。なお、記紀に伝えられる天皇の名は、その多くが国風諡号《こくふうしごう》（日本風の諡）とみられるが、なかには在世中の尊称・通称と考えられる例もある。

今日、記紀の天皇を表記する場合、漢風諡号で「〇〇天皇」と記すのが一般的であり、本書においても、それに従うことにしたい。

さて、成務天皇は、『古事記』では「若帯日子《わかたらしひこ》天皇」、『日本書紀』では「稚足彦《わかたらしひこ》天皇」と表記される。この「ワカタラシヒコ」という呼称は、成務天皇の父で第十二代天皇とされる景行《けいこう》天皇の「オホタラシヒコオシロワケ」、成務天皇の甥《おい》（ヤマトタケルの子）で第十四代天皇とされる仲哀《ちゅうあい》天皇の「タラシナカツヒコ」、その仲哀天皇の皇后とされる神功《じんぐう》皇后の「オキナガタラシヒメ」などと共通している。

一方、『隋書《ずいしょ》』倭国伝には、「倭王あり、姓は阿毎《あめ》、字《あざな》は多利思比孤《たりしひこ》、阿輩雞弥《きみ》と号す」とあり、隋の時代（七世紀はじめ頃）の倭王は、「タリ（ラ）シヒコ」と呼ばれていたことが知られる。『日本書紀』においても、第三十四代舒明《じょめい》天皇は「オキナガタラシヒヒロヌカ」、その皇后で第三十五代皇極《こうぎょく》天皇（重祚《ちょうそ》して第三十七代斉明《さいめい》天皇）は「アメトヨタカライカシヒタラシヒメ」の名で伝えられており、これらの天皇が七世紀前半から中頃の実在した天皇

（大王）であることは間違いない。また、記紀によれば、第十五代応神《おうじん》天皇以降、推古天皇までの天皇には、「タラシヒコ（ヒメ）」の呼称を名に含む天皇は存在しない（表㈠参照）。つまり、「タラシヒコ（ヒメ）」は、七世紀になってから天皇（大王）に用いられるようになった呼称と考えられるのである。

表（一）　記紀の天皇名

代	漢風諡号	国風諡号
1	神武	カムヤマトイハレビコ
2	綏靖	カムヌナカハミミ
3	安寧	シキツヒコタマテミ
4	懿徳	オホヤマトヒコスキトモ
5	孝昭	ミマツヒコカヱシネ
6	孝安	ヤマトタラシヒコクニオシヒト
7	孝霊	オホヤマトネコヒコフトニ
8	孝元	オホヤマトネコヒコクニクル
9	開化	ワカヤマトネコヒコオホヒヒ
10	崇神	ミマキイリビコイニヱ
11	垂仁	イクメイリビコイサチ
12	景行	オホタラシヒコオシロワケ
13	成務	ワカタラシヒコ
14	仲哀	タラシナカツヒコ
	神功	オキナガタラシヒメ
15	応神	ホムタワケ
16	仁徳	オホサザキ
17	履中	イザホワケ
18	反正	ミツハワケ
19	允恭	ヲアサヅマワクゴノスクネ
20	安康	アナホ
21	雄略	オホハツセノワカタケル
22	清寧	シラカノタケヒロクニオシワカヤマトネコ
23	顕宗	ヲケ
24	仁賢	オケ
25	武烈	ヲハツセノワカサザキ
26	継体	ヲホド
27	安閑	ヒロクニオシタケカナヒ
28	宣化	タケヲヒロクニオシタテ
29	欽明	アメクニオシハラキヒロニハ
30	敏達	ヌナクラノフトタマシキ
31	用明	タチバナノトヨヒ
32	崇峻	ハツセベ
33	推古	トヨミケカシキヤヒメ
34	舒明	オキナガタラシヒヒロヌカ
35	皇極	アメトヨタカライカシヒタラシヒメ
36	孝徳	アメヨロヅトヨヒ
37	斉明	（アメトヨタカライカシヒタラシヒメ）
38	天智	アメミコトヒラカスワケ
39	天武	アマノヌナハラオキノマヒト
40	持統	オホヤマトネコアメノヒロノヒメ

（日本古典文学大系『日本書紀』補注による。一部改訂）

これらのことからすれば、景行天皇（オホタラシヒコ）・成務天皇（ワカタラシヒコ）・仲哀天皇（タラシナカツヒコ）などは、七世紀以降に歴代に加えられた可能性が高いということになる。「オシロワケ」の呼称を含む景行天皇については別に考える必要があるが（ワケの呼称については次節で述べる）、成務天皇を実在の天皇（大王）とみることができないのは明らかであろう。『日本書紀』の紀年（初代神武天皇の即位年を紀元前六六〇年にあたる辛酉《しんゆう》年とする）によれば、成務天皇は二世紀中頃から後半にかけて在位した天皇ということになるが、このこと自体、その実在性を疑わせるものである。もちろん、二世紀の頃に国造が設置されたということも、事実の伝えとは考えられない。

今日一般的には、成務天皇の時代に国造が設置されたという記紀の記述は、景行天皇の時代に東西征討が行われたとすること（ヤマトタケル伝承など）を受けて、次の成務天皇の時代に地方支配制度が整えられたとする記紀の歴史認識によるものであり、事実の伝えではないと考えられている。まさにそのとおりであろう。

『隋書』の記述

それでは、実際には国造はいつ設置されたのであろうか。『隋書』倭国伝には、次のような記述がみえる。

軍尼一百二十人あり、なお中国の牧宰《ぼくさい》のごとし。八十戸に一伊尼翼を置く、今の里長の如きなり。十伊尼翼は一軍尼に属す。

ここに「軍尼」とあるのは、倭語（日本語）の「クニ」を漢字の音を借りて表記したもので、クニノミヤツコ（国造）を指し、「伊尼翼」は「伊尼冀」の誤りで、イナキ（稲置）を指すとするのが一般的解釈である。これに従えば、当時（七世紀初頭）の倭国においては、国造―稲置の二段階の地方行政組織が存在し、国造は百二十人、八十戸ごとに一稲置が置かれ、一国造のもとに十稲置が属していたということになる。

このような整然とした組織が七世紀初頭の段階で存在していたとは考え難いとし、そこには、支配制度が整っていたことを示そうとした大和政権による誇張が反映しているという指摘もある。(2) たしかに、その可能性は高いと考えられる。しかしそうであったとしても、この記事からは、当時の大和政権が、このような地方行政組織をあるべき形（理想的なもの）として考えていたということは窺《うかが》えるであろう。

ただし、国造百二十人、一国造に十稲置、一稲置に八十戸という数値については、このとおりに数えると、倭国全体の戸数は一二〇×一〇×八〇戸＝九万六〇〇〇戸ということになり、あまりにも少なすぎる。そこでこれまでは、国造の百二十人（この数値は「国造本紀」の国造数とほぼ対応している）を除き、それらの数値は実数を示すものではないとみなされてきた。「八十戸《やそ》」については、大和政権の側で「たくさんの戸」の意味で伝えた「八十戸」を隋の側で実数と誤解したとの解釈も示されている(3)。

これに対して近年、毛利憲一《もうりけんいち》により、稲置が管掌した「戸」は、屯倉（ミヤケ）の田地を耕作した田部《たべ》を編成したものであり、国造のクニ内部のすべての「戸」を指すのではなく、「八十戸」を実在の編成単位とみてよいとの見解が提示されている(4)。第二章の2で述べるように、稲置の管掌する「戸」が屯倉の田部を編成したものであることはそのとおりであると考えられる。しかし、すべての稲置が一律に八十戸を管掌していたとは考えられないのであり、『隋書』にいう「八十戸」を実数とみることはできない。すべての国造が一律に十の稲置を管掌し、すべての稲置が一律に八十戸を管掌するというような制度は、あくまで理想形として示されたものであり、現実に存在した制度とは考えられない。『隋書』の記事から窺える制度は、国造―稲置の二段階の組織で稲置は「戸」を管掌した、という程度のものであろう。

なお、「軍尼」については、中国の牧宰（中央から派遣される地方官）に比定されていることから、地方の豪族が任じられた国造を指すとすることに疑問も提出されている。(5) 牧宰に比定する『隋書』の理解が事実に基づくのであれば、「軍尼」（クニ）は、中央から派遣された国宰《こくさい》（クニノミコトモチ）を指すということになるであろうが、その場合も、「クニ」という地方行政組織の存在したことは認められるのであり、「クニ」の現地管掌者としてのクニノミヤツコ（国造）も存在したとみるのが自然であろう。

また、ここに「クニ」とのみあって「クニノミヤツコ」とないのは、当時クニはあってもクニノミヤツコはいまだ存在していなかったからとする説もある。(6) しかしここにいう「クニ」は、人として数えられているのであり、クニノミヤツコ（あるいはクニノミコトモチ）の省略形と解する方が妥当であろう。さらに近年では、「軍尼」（クニ）はあくまで領域を示す倭語の「クニ」そのものであり、それを人とするのは『隋書』の誤解であるという説も出されている。(7) ただこれらの説においても、「クニ」という行政組織（単位）の存在は認めるのであり、そうであるならば、その現地管掌者としての「クニノミヤツコ」（国造）の存在も認めてよいであろう。

推古紀の国造関係記事

隋の時代の七世紀初頭は、『日本書紀』によれば推古天皇の時代（五九三〜六二八年）に相当する。そして、『日本書紀』の推古天皇の巻（推古紀。以下、『日本書紀』の○○天皇の巻を、○○紀と記す）にも、いくつか国造関係記事が載せられている。

(1)十年（六〇二）二月朔条

来目《くめ》皇子をもて新羅《しらぎ》を撃つ将軍とす。諸の神部《かんとものお》及び国造《くにのみやつこ》・伴造《とものみやつこ》等《ら》、并《あわせ》て軍衆二万五千人を授く。

(2)十二年（六〇四）四月戊辰《ぼしん》条

皇太子、親《みずか》ら肇《はじ》めて憲法十七条作りたまふ。……十二に曰《い》はく、国司《くにのみこともち》・国造、百姓《おおみたから》に斂《おさめと》らざれ。国に二の君非《あら》ず。民に両《ふたり》の主無し。卒土《くにのうち》の兆民《おおみたから》は、王を以《もっ》て主とす。所任《よさせ》る官司は、皆是王の臣なり。何《いか》にぞ敢へて公と、百姓に賦斂《おさめと》らむ。

(3)二十八年（六二〇）是歳《ことし》条

皇太子・嶋大臣《しまのおおおみ》、共に議《はか》りて、天皇記及び国記、臣連《おみむらじ》伴造《とものみやつこ》国造《くにのみやつこ》百八十《ももやそ》部《とものお》并て公民等の本記を録《しる》す。

(1)は、来目皇子を将軍とする新羅征討軍に、神部（戦勝を祈る神職）・伴造とともに国造も加わったとする記事である。続く推古紀の記事によれば、来目皇子は筑紫《つくし》にまで赴いたが、病によって死去し、征討は果たさなかったという。来目皇子の新羅征討については、『肥前《ひぜん》国風土記』三根《みね》郡条にも記事があり、「軍衆二万五千人」には誇張があるもしれないが、(1)の記事内容の信憑性《しんぴょうせい》は認めてよいであろう。

(2)は、皇太子（聖徳《しょうとく》太子＝厩戸《うまやと》皇子）が自ら作ったという憲法十七条の第十二条である。「国司・国造」は「百姓」（一般の人々）から勝手に収奪してはいけないと述べているのであるが、ここに「国司」とあるのは潤色《じゅんしょく》（後世の改変）である。中央から諸国に派遣される官人（クニノミコトモチ）が、「国司」と表記されるようになるのは、大宝令《たいほうりょう》制定（七〇一年）以降であり、それ以前は「国宰」の表記が用いられていた。

憲法十七条の信憑性をめぐっては多くの議論があるが、筆者は、用語の潤色はあっても、内容的には当時のものとみてよいと考えている。そして、そう考えてよければ、(2)は、推古天皇の時代における国造の存在を示す記事ということになる。またここでは、「国司・国造」を「所任の官司」としており、国造を地方官とする認識が推古朝当時に存在していたことも窺うことができる。

(3)は、皇太子と嶋大臣（蘇我馬子《そがのうまこ》）が協議して、「天皇記」「国記」「臣連伴造国造百八十部幷公民等本記」を編纂《へんさん》したという記事である。「天皇記」「国記」については、皇極紀四年（六四五）六月己酉《きゆう》条にもその名がみえ、それによれば、自殺に追い込まれた蘇我蝦夷《えみし》が自宅に火を放って「天皇記」「国記」を焼いたところ、船史恵尺《ふねのふひとえさか》がすばやく「国記」を取り出して中大兄《なかのおおえ》皇子に献上したという。「臣連伴造国造百八十部幷公民等本記」については、ほかにはみえず、本来は「国記」に付されていた注記であったとする説もある(8)。「天皇」「公民」といった呼称が当時成立していたかは疑問であるが、推古朝において歴史書の編纂が行われたことは事実と考えてよいであろう。

また、(3)における「国造」は、「臣連伴造国造」という連称（ひとつながりの呼称）のなかにみえるものであるが、「臣連伴造国造」（あるいは「臣連国造伴造」）という連称は、朝廷に仕える人々を指す慣用句として、孝徳紀を中心に数多くみられる表現である。このような慣用句が成立するためには、いうまでもないが、国造が広く一般的に存在していなければならない。

敏達紀の国造関係記事

次に、『日本書紀』の国造関係記事を、推古紀以前に遡っていくことにしよう。最初に「国造」の名がみえるのは、敏達《びだつ》紀十二年（五八三）条の日羅《にちら》の召喚記事である。

これは、豊富な内容を含む長文の記事であるが、全体の内容をごく簡単に要約するならば、任那《みまな》復興をはかるため、百済《くだら》に滞在していた日羅を召喚したが、日羅は百済に不利な献策を行ったため、日羅とともに百済から遣わされた徳爾《とくに》らによって殺害された、というものである。この記事は、多くの個人名が登場することや、記事内容が具体的であることから、その信憑性は高いと考えられる。「国造」関係の記述は、①日羅を召喚するために「紀《き》国造押《おし》勝《かつ》」が百済に派遣されたということ、②日羅は「火葦北《ひのあしきた》国造阿利斯登《ありしと》の子達率《だっそつ》日羅」（達率は百済の官位の第二位）とあり、日羅自身も自らを宣化《せんか》天皇のときに朝鮮半島に派遣された「火葦北国造刑部靫部《おさかべのゆげい》阿利斯登の子」と述べていること（すなわち日羅は日本出身の百済官人である）、③同じく日羅の述べた言葉のなかに「臣連二造」という表現があり、この「二造」に対して「二つの造は、国造・伴造なり」という注が付されていること、の三点である。

①の紀国造押勝は、『国造次第《こくぞうしだい》』（紀伊《きい》国造の継承次第、原本は貞観《じょうがん》十六年〔八七四〕の書

写）に第十七代「忍勝《おしかつ》」と記される人物であり、実在性の高い人物である。押勝が百済に派遣されたということも、事実の伝えとみてよいであろう。

②によれば、宣化天皇の時代（五三六〜五三九年）に火葦北国造が存在し、その国造は朝鮮半島に派遣されたというのであるが、これらも事実の伝えとみて差し支えない。なお、「火葦北国造刑部靫部阿利斯登」という呼称は、阿利斯登が火葦北国造（のちの肥後《ひご》国葦北《あしきた》郡地域の国造）であるとともに、刑部（王族に仕えた部である御名代の一つ）に設定されて中央に出仕し、靫部（靫負、王族に近侍し親衛軍として奉仕した部）として仕えた人物でもあることを示している。これは、律令制下の複姓《ふくせい》（阿倍引田臣《あべのひきたのおみ》・物部弓削連《もののべのゆげのむらじ》など氏の名が重なったような氏姓）に通ずる呼称であるが、この段階では、特定個人に与えられた職名的称号とでもいうべき呼称である。(9) おそらく阿利斯登は、刑部靫負として奉仕し、さらに火葦北国造に任じられたのであろう。

③においては、「臣連伴造国造」という慣用句ではなく、「臣連二造」という表現が用いられ、「二つの造は、国造・伴造なり」という注がわざわざ付されていることが注意される。このことは、日羅の言を伝える原資料に「臣連二造」とあったことを示しており、敏達紀十二年条の信憑性を高めるものであるが、先にみた推古紀の(3)同様、当時、国造が広く存在し

ていたことを示すものでもある。

欽明紀の国造関係記事

さらに、『日本書紀』の国造関係記事を遡ると、欽明《きんめい》紀十五年（五五四）十二月条と、同二十三年七月是月条の二つの記事があげられる。

前者は、朝鮮半島に派遣された倭国軍が、百済の聖明《せいめい》王の子の余昌《よしょう》とともに新羅と戦ったが敗れ、その戦いのなかで聖明王も殺害されたという記事である。そして、その倭国軍のなかに、弓の名手である「筑紫国造」がおり、新羅軍に囲まれた余昌らの脱出に活躍したというのである。五五四年に百済と新羅が戦って聖明王が死去したということは、朝鮮側の史料である『三国史記《さんごくしき》』（高麗《こうらい》の金富軾《きんぶしょく》によって一一四五年に撰進《せんしん》された歴史書。高句麗《こうくり》・百済・新羅三国の歴史を対象としている）の「新羅本紀」真興《しんこう》王十五年（五五四）条と、「百済本紀」聖《せい》王（聖明王）三十二年（五五四）条にも記事があり、事実とみて間違いない。国造が朝鮮半島派遣軍に加わるということは、推古紀の(1)にも示されており、「筑紫国造」がこのときの倭国軍のなかにあったことも、事実と考えてよいであろう。

後者は、同年正月条に記す新羅による「任那官家《みやけ》」の滅亡を受けての出兵記事であり、戦いに関する多くの話を載せるが、結局は新羅に敗れたという記事である。このときの倭国軍のなかにも「倭国造手彦《やまとのくにのみやつこてひこ》」がいたというのであり、「倭国造手彦、自ら救ひ難きことを知りて、軍を棄《す》てて遁《のが》れ逃ぐ」とある。新羅との戦いの前線にあった倭国造手彦は、勝てないことを知り、率いていた軍を棄てて一人逃亡したというのである。手彦を逃してしまった新羅の将軍が嘆いて「久須尼自利《くすにじり》」といったという記述もみえ、「久須尼自利」には、「此《こ》れは新羅の語《ことば》にして、未《いま》だ詳《つまびらか》ならず」との注が付されている。これらの記述が編者の作文でないことは明らかであり、記事内容の信憑性は高いと考えられる。倭国造手彦がこのときの出兵軍のなかにあったということも、事実の伝えとみてよいであろう。

先にみたように、敏達紀の日羅関係記事からは、宣化天皇の時代に朝鮮半島に派遣された「火葦北国造刑部靫部阿利斯登」の実在が推定できるのであり、次の欽明天皇の時代に、「筑紫国造」や「倭国造手彦」が朝鮮半島派遣軍に加わったとして不思議はない。

右の二つの欽明紀の記事を、さらに遡る国造関係記事としては、安閑《あんかん》紀元年（五三四）四月朔条の「伊甚《いじみ》国造稚子直《わくごのあたい》」による屯倉《みやけ》献上記事と、同年閏《うるう》十二月条の「武蔵《むさし》国造笠原《かさはらの》直使主《あたいおみ》」と「同族小杵《おき》」による国造職をめぐる争いの記事があげられる。しかしこれらの記事については、いずれも、その当時における「伊甚国造」（のちの上総《かずさ》国夷灊《いじみ》郡地域の国造）や「武蔵国造」の実在を示す記事とは考え難い。なぜならば、『日本書紀』においては、屯倉の設置記事は安閑紀にまとめて載せられており[10]、それらの記事内容が安閑の時代の事実とは限らないからである。武蔵国造職をめぐる争いの記事も、国造に任じられた「使主」が四つの屯倉を献上したという記事である。

そして、安閑紀を遡る『日本書紀』の国造関係については、その多くが系譜記事であり、そうではない場合も、右の安閑紀の記事と同様、その時代における国造の存在を示す記事としての信憑性に欠けるものである。したがって、『日本書紀』の記事から国造の実在がたどれるのは、宣化天皇の時代までということになる。

2　ワカタケル大王の時代

稲荷山古墳出土鉄剣銘と江田船山古墳出土大刀銘

『日本書紀』の記事から国造の実在がたどれるのは、記事内容の信憑性の問題があり、宣化天皇の時代までであった。それ以前の時代における大和政権の地方支配について考えるうえで重要なのは、稲荷山《いなりやま》古墳出土鉄剣銘（以下、稲荷山鉄剣銘と略記する）と江田船山《えたふなやま》古墳出土大刀銘（以下、江田船山大刀銘と略記する）である。両者には、共通して「獲加多支鹵大王」（ワカタケル大王）の名が刻まれており、その「ワカタケル大王」は、記紀にいう「オホハツセノワカタケル天皇」（第二十一代雄略《ゆうりゃく》天皇）、また『宋書《そうしょ》』倭国伝など中国側史料にいう倭王武《ぶ》に相当すると考えられる。これらの銘文を比較検討することにより、ワカタケル大王の時代（すなわち五世紀後半頃）の大王と地方豪族との関係が、おぼろげではあるが推定できる。そして、結論からいえば、当時はいまだ国造は存在していなかったと考えられるのである。

まずは、それぞれの銘文を、訓読文を付して引用しておこう。

稲荷山鉄剣銘（埼玉県教育委員会『稲荷山古墳出土鉄剣金象嵌銘《きんぞうがんめい》概報』）

〈表〉

辛亥年七月中記乎獲居臣上祖名意富比垝其児多加〔名脱カ〕利足尼其児名弖已加利獲居其児名多加
披次獲居其児名多沙鬼獲居其児名半弖比

〈裏〉

其児名加差披余其児名乎獲居臣世々為杖刀人首奉事来至今獲加多支鹵大王寺在斯鬼宮時

吾左治天下令作此百練利刀記吾奉事根原也

（訓読文）

辛亥《しんがい》の年七月中、記す。ヲワケの臣。上祖、名はオホヒコ。其の児《こ》、（名は）タカリのスクネ。其の児、名はテヨカリワケ。其の児、名はタカヒ（ハ）シワケ。其の児、名はタサキワケ。其の児、名はハテヒ。

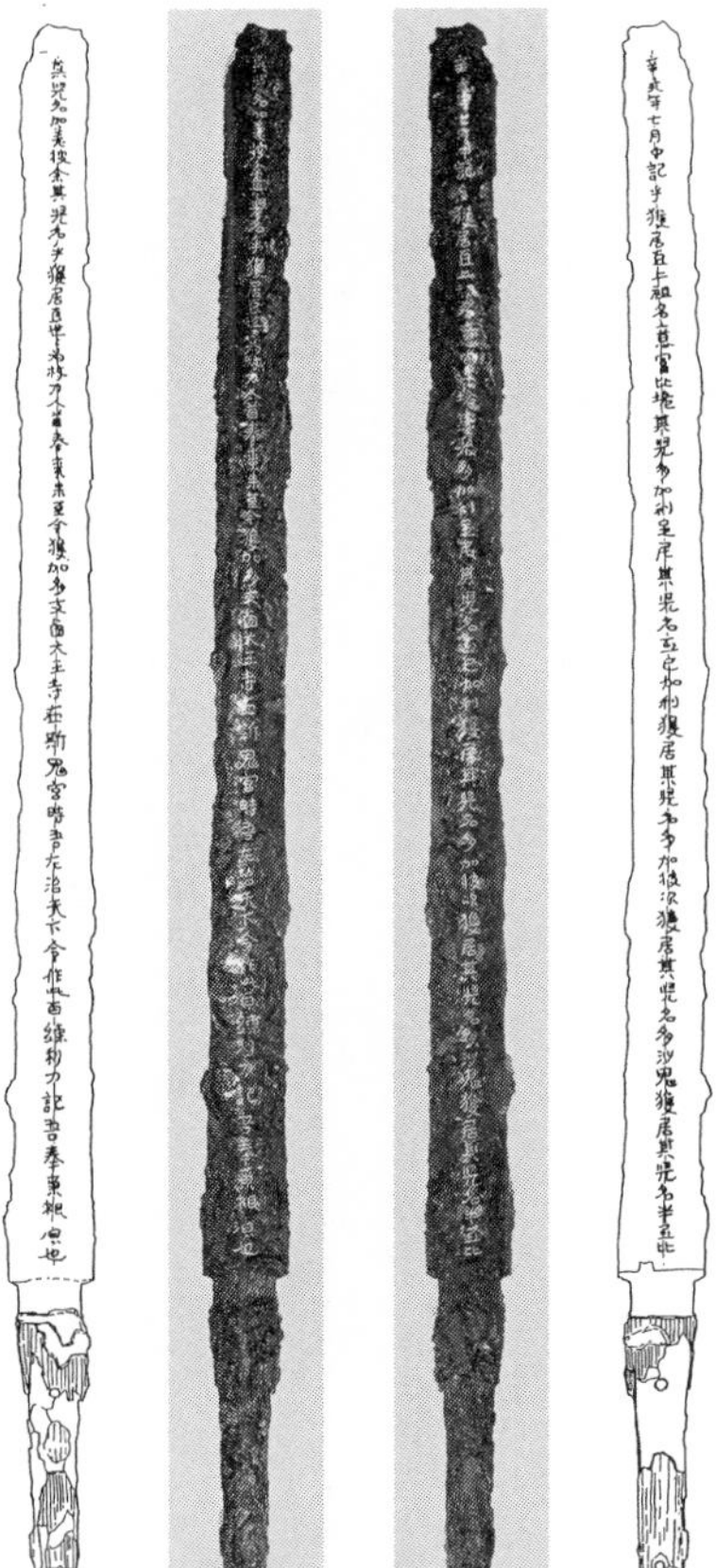

稲荷山古墳出土鉄剣（所有・文化庁、写真提供・埼玉県立さきたま史跡の博物館、銘文線画は埼玉県教育委員会発行『埼玉稲荷山古墳』1980より）

其の児、名はカサヒ（ハ）ヨ。其の児、名はヲワケの臣。世々、杖刀人《じょうとうじん》の首と為り、奉事し来り今に至る。ワカタケル大王の寺、シキの宮に在る時、吾、天下を左治し、此《こ》の百練の利刀を作らしめ、吾が奉事の根原を記す也。

江田船山大刀銘（東京国立博物館『江田船山古墳出土国宝銀象嵌大刀』）

台《（治）》天下獲□□□鹵大王世、奉事典曹人名无□《（利カ）》弖、八月中、用大鉄釜、并四尺廷刀、八十練、□《（九カ）》十振、三寸上好□《（刊カ）》刀、服此刀者、長寿、子孫洋々、得□恩也、不失其所統、作刀者名伊太□《（和カ）》、書者張安也

（訓読文）

天下治《し》らしめすワカタケル大王の世。奉事の典曹人《てんそうじん》、名はムリテ。八月中、大鉄釜、并《あわせ》て四尺の廷刀を用ゐ、八十練、九十振せし三寸上好の刊（利）刀なり。此の刀を服する者は、長寿にして、子孫は洋々と□恩を得るなり。其の統《す》ぶる所も失はず。刀を作りし者の名はイタワ、書きし者は長安なり。

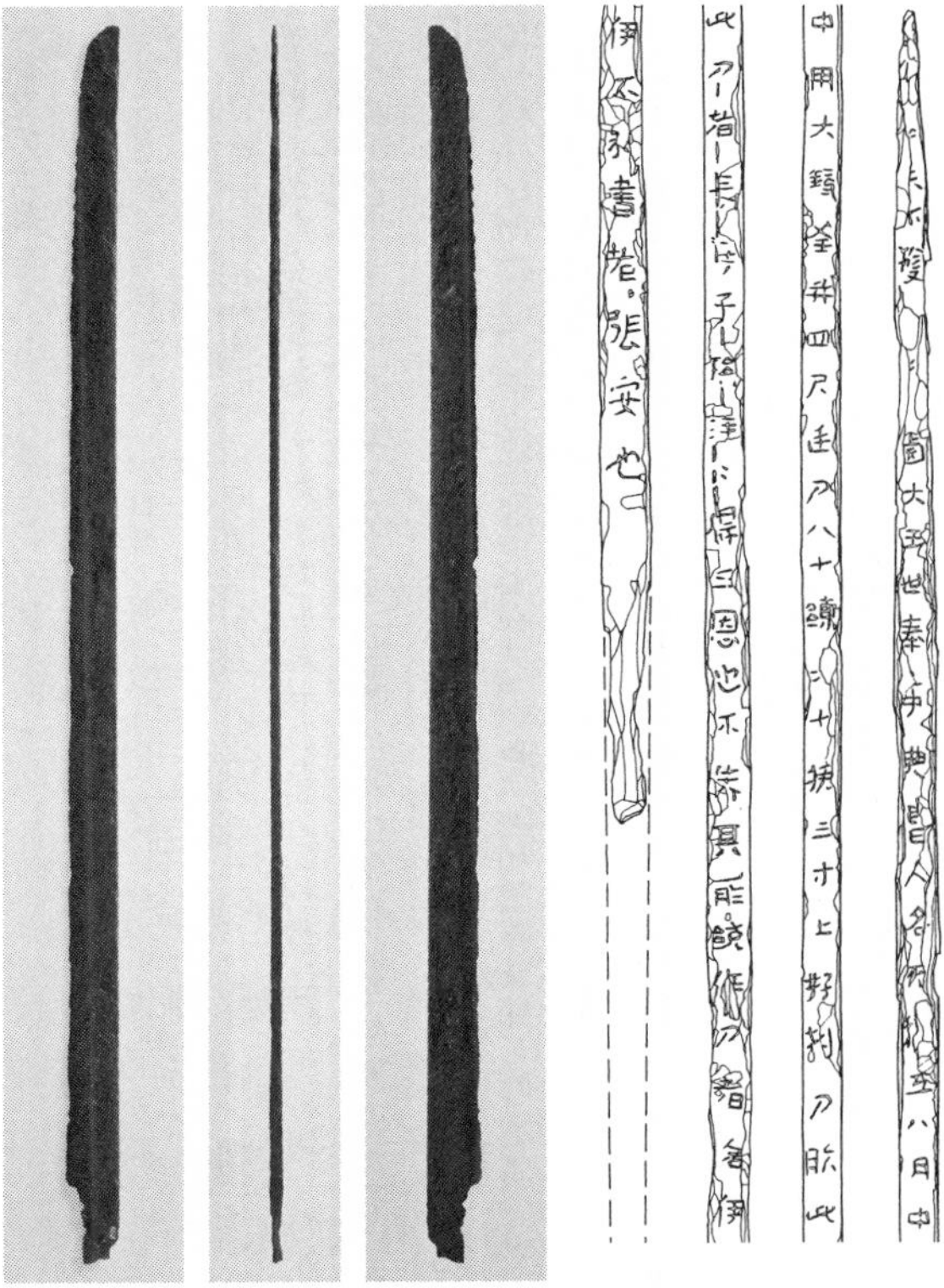

江田船山古墳出土鉄剣（出典：ColBase (https://colbase.nich.go.jp)、銘文は東京国立博物館編『江田船山古墳出土国宝銀象嵌銘大刀』1993より）

銘文の大意

稲荷山鉄剣銘は、長さ七三・五センチメートルの鉄剣の表裏に金象嵌《きんぞうがん》されたものであり、表に五七文字、裏に五八文字、あわせて一一五文字が記されている。冒頭の「辛亥年」は、西暦四七一年に相当し、「ワカタケル大王の寺」の「寺」は、朝廷の意味である。ただし、「奉事し来り今に至る。ワカタケル大王の寺、シキの宮に在る時」の部分は、「寺」を「侍」の人偏が省略されたものとみて、「奉事し来り今のワカタケル大王に至る。侍《はべ》りてシキの宮に在る時」と読むこともできる。「奉事」（事《つか》え奉る）は大王に仕えるという意味、「シキの宮」の「シキ」は、奈良盆地東南部（のちの大和国磯城《しき》郡）の地名と考えられる。

銘文の主人公は、いうまでもなく「ヲワケの臣」であり、銘文中の「吾」はヲワケを指している。銘文は現在形で記されており、辛亥年（四七一年）と、ワカタケル大王の世と、この銘文入りの鉄剣が作られたときとは一致する。銘文の主旨は、ヲワケが自身を顕彰するところにあり、ワカタケル大王に杖刀人《じょうとうじん》（後述）の首（長）として奉事し、天下を左（佐）治していること、その「奉事の根原」（大王に仕える根本的理由）は、オホヒコに始まり自らに至る八代の系譜にあることが、高らかに述べられている。

江田船山大刀銘は、長さ九〇センチメートルを超える長大な鉄刀の棟の部分に銀象嵌《ぎんぞうがん》されたものであり、七五文字からなる。銘文の主人公は「无□弖」（ムリテ）であり、銘文中の「此の刀を服する者」というのもムリテである。

この大刀を、ワカタケル大王からムリテに下賜された刀とする説もあるが[11]、銘文の内容からすれば、ムリテ自身が作らせた刀とみる方が妥当であろう。銘文の後半には、ムリテ自身の長寿、子孫の繁栄、そしてその統治権の安泰が述べられている。ムリテは、中央に出仕し、典曹人《てんそうじん》（後述）としてワカタケル大王に仕えていたときに、この大刀を作らせたのであろう。なお、この大刀を下賜刀とみた場合も、ムリテが典曹人としてワカタケル大王に仕えたとする点では同じである。

銘文の主人公と稲荷山古墳・江田船山古墳の被葬者

稲荷山古墳は、埼玉県行田《ぎょうだ》市に所在する古墳時代後期の大規模古墳群である埼玉《さきたま》古墳群中の一基である。墳丘全長約一二〇メートルの前方後円墳であり、長方形の二重の周濠《しゅうごう》を持つという珍しい形をしている。埋葬施設としては、後円部の上部から粘土槨《ねんどかく》と礫槨《れきかく》の二つが検出されたが、さらにその下に中心の埋葬施設が存在する可能性も指摘されている[12]。銘文入りの鉄剣が副葬されていたのは礫槨であり、礫槨の年代は六世紀前半頃と推定されている。

稲荷山古墳（右手前）

この礫槨の被葬者が鉄剣の所持者であったと考えられるが、その人物は、当時のこの地域（のちの武蔵国北部）の有力な豪族（族長ではなかったとしても族長の近親者）であったことは確かである。

銘文のヲワケの臣と、礫槨の被葬者の関係についての理解は、大きく次の三説に分かれている。

①両者を同一とみて、ヲワケの臣を武蔵地方の豪族とする説。

②杖刀人の首であるヲワケの臣は中央の有力豪族であり、杖刀人の一人として中央に出仕していた礫槨の被葬者に銘文入りの鉄剣を与えたとする説。

③ヲワケの臣は中央の豪族であるが、武蔵

江田船山古墳（中央の前方後円墳）（国土地理院空中写真2016年撮影。国土地理院ウェブサイトより）

地方に派遣されて死去し、礫槨に埋葬されたとする説。

筆者は①説を妥当と考えているが、②③説をとった場合も、礫槨の被葬者が杖刀人（あるいは杖刀人の首）としてワカタケル大王に仕えていたと解することに変わりはない。

次に、江田船山古墳は、熊本県玉名《たまな》郡和水《なごみ》町《まち》に所在する清原《せいばる》古墳群中の一基であり、盾形の周濠を有する墳丘全長約六二メートルの前方後円墳である。埋葬施設は後円部に設置された横口式家形石棺であり、その造営年代は五世紀末から六世紀前半頃と推定されている。銘文入りの大刀は、この石棺から、ほかの多くのすぐれた武具・馬具・装身具類などの副葬品とともに発見された。江田船山古墳の被葬者が、当時のこの地域（のちの肥後国北部）の有力な豪族であったことは確かである。ワカタケル大王に典曹人として仕えたという銘文のムリテは、この被葬者と一致するとみてよいであろう。

ワカタケル大王の時代には、埼玉県（武蔵地方）から熊本県（肥後地方）に及ぶ範囲の地方豪族が、杖刀人、あるいは典曹人として大王に仕えるということが行われていたのである。

杖刀人と典曹人

「杖刀人」というのは、「刀を杖《つえ》つく人」の意であり、大王の身辺警護にあたった人々を指す呼称と考えられる。「典曹人」は、「曹を典《つかさど》る人」であり、「曹」は「役所」の意味であるから、「役所を掌《つかさど》る人」というごく一般的な呼称ということになる。「典」の字義に注意するならば、役所の文書を掌る人の意味にも解釈できるが、当時、文書行政が広く行われていたとは考えられないから、王宮に仕える人々を、まとめて「典曹人」と呼んだとみるのが妥当であろう。

ワカタケル大王の時代には、大王に仕える人々を、その職掌によって区分することが行われており、そこには杖刀人首―杖刀人という指揮・命令系統も存在していた。それは、大和政権の支配制度の一つである伴造・部民《べみん》制（部制）（第二章の3参照）と共通した性格を持っていたことが指摘できる。

しかし、部民制では、葬送を掌る「土師部《はじべ》」、馬を飼う「馬飼部《うまかいべ》」などさまざまな「某部」があったが、「杖刀人」「典曹人」といった呼称からすると、ワカタケル大王の時代の組織は、数多くの職掌に分化した組織であったとは考えられない。また、部民制は、大王に仕える人々だけではなく、王族や大和政権を構成する有力豪族に仕える人々も「某部」に組み込んだ制度であったが、杖刀人・典曹人は、大王・王宮に直属した人々である。ワカタケル大王の時代には、すでに大王を支える組織は存在したのであるが、いまだその組織は、簡素な、成立してまもない原初的な組織であったと考えられる。

ところで、近年では、部民制に先行する制度として、人制《ひとせい》を想定することが広く行われている。人制については、かつて直木孝次郎《なおきこうじろう》により、部民制と併存した官司制度であり、部民制よりも後出の六世紀代に盛行した制度であったとの見解が提示された。(13) 古代の史料には、倉人《くらひと》・舎人《とねり》・酒人《さかひと》・宍人《ししひと》など、朝廷に仕える人々を「某人」と呼ぶ例が多くみえる。

その後、稲荷山鉄剣銘が発見され、その銘文に「杖刀人」とあったことから「某人」の呼称はワカタケル大王の時代（五世紀後半）にまで遡ることが明らかになった。また、銘文に「部」の呼称がみられないことから、部民制の成立は六世紀以降である可能性が高くなり、「人制から部民制へ」という見方が一般的になったのである。

しかし、直木が説いた人制における倉人・舎人・酒人・宍人などの「某人」の呼称と、杖刀人・典曹人の呼称は明らかに異質である。前者は「〈名詞〉＋人」の倭語表記、後者は「〈動詞＋名詞〉＋人」の漢語表記という違いがあるだけではなく、前者は細分化された職掌を示す語であるのに対し、後者は右に述べたとおり、大まかな区分を指す語である。

杖刀人・典曹人の組織を人制と呼ぶのはよいとしても、そうすることにより、かつて直木が説いたような人制が、すでに五世紀後半の段階において存在していたとみるのは疑問であろう。

「ヲワケの臣」の「臣」

次に、銘文の「ヲワケの臣」の「臣」について取り上げたい。じつは、「臣」と一般に読まれている字については、これを「直」と読み、姓（カバネ）のアタヒと解する説[14]や、「巨」と読み、「ヲワケコ」という人名の語尾と解する説[15]もある。しかし、アタヒという倭語を表記するならば、銘文におけるほかの表記法と同様、漢字の一字一音の表記がとられたはずである。また、「ヲワケコ」という人名を表記したとするならば、それは「巨」ではなく、銘文中の「意富比垝」（オホヒコ）の場合と同様、「垝」の字が用いられたとみるべきであろう。銘文において倭語の同音を表記する場合は、「獲」「居」「比」「多」「加」「弖」「披」「鬼」など、いずれも同じ字が用いられている。やはり、一般に読まれているとおり、「臣」と読むのが妥当と考えられる。

そして、その「臣」は、臣下を意味する漢語の臣（シン）であり、オミというカバネを表す臣ではないと考えられる。オミという倭語を表記するならば、漢字一字一音の表記がとられたはずだからである。また、「ヲワケの臣」を、ヲワケが自らをへりくだって称した謙称とみることにも疑問はある。単なる謙称であれば、それは、「臣ヲワケ」と「臣」が先に記されなければならない。

「ヲワケの臣」の「臣」は、シンと読むべき漢語ではあるが、単なる謙称ではなく、大王に仕えることを示す称号（身分標識）として用いられているとみるのが妥当であろう。この点では、のちのカバネに通ずる性格を持った称号といえるが、大和政権の支配制度としてのカバネ制は、大王に仕える氏（ウヂ）に対して、その性格や勢力に応じて臣・連・君・造・直など、種々のカバネが賜与された制度である。ワカタケル大王の時代には、「臣」のほかに大王に仕えることを示す身分標識は存在しなかったと考えられるのであり、カバネ制と呼べるような制度は未成立であった。

また、江田船山大刀銘のムリテは「臣」を称しておらず、当時、大王に仕える人々のすべてが臣（シン）を称したのではなかった。このことは、ヲワケが杖刀人の首であったのに対し、ムリテは典曹人の一人にすぎなかったことと対応するのであろうが、ヲワケがオホヒコに始まる八代の系譜を称するのに対し、ムリテはそれを称していないこととも関係すると考えられる。

八代の系譜

ヲワケは、オホヒコを上祖（始祖）とする系譜を「奉事の根原」として掲げているのであるが、このような系譜の在り方は、八、九世紀に作成された氏族系譜と共通した性格を持っている。氏姓制にいう氏（ウヂ）は、大王（天皇）に仕える同一の系譜を称する集団をいうのであり、銘文にウヂの名はみえないが、ヲワケの一族は、実質的にはウヂとしての性格を有していたとみてよい。

また、銘文のオホヒコは、記紀に、第八代孝元《こうげん》天皇の子で、第十代崇神《すじん》天皇のときに北陸《ほくりく》に遣わされた将軍（いわゆる四道将軍の一人）として登場する大毘古命《おおびこのみこと》（大彦命《おおひこ》）に相当する。このことは、記紀に伝えるとおりのオホヒコ伝承が、すでにワカタケル大王の時代に成立していたことを示すものではないが、銘文のオホヒコ像と、将軍として登場する記紀の大毘古命（大彦命）像とは共通している。オホヒコを、遠い昔に武人として大王に仕えた英雄とする程度の伝承は、当時すでに成立していたとみるべきであろう。

孝元紀には、「大彦命は、是阿倍《あべ》臣・膳《かしわで》臣・阿閉《あへ》臣・狭々城山《ささきやま》君・筑紫国造・越《こし》国造・伊賀《いが》臣、凡《すべ》て七族の始祖なり」とあるが、ワカタケル大王の時代においても、オホヒコを祖とする人物（一族）は、ヲワケ（およびその一族）以外にも存在した可能性が考えられる。溝口睦子《みぞぐちむつこ》は、八代の系譜について、上祖オホヒコから五代タサキワケまでの伝説的部分と、六代ハテヒから八代ヲワケまでの現実的部分からなるとし、伝説的部分は、ヲワケの一族だけではなく、複数のウヂが共有した部分であり、ヲワケが勝手に作成できるようなものではなく、王権によって公認されたウヂの政治的位置づけや所属を示す制度的なものであったとしている。また、ハテヒ以下の現実的部分は、ヲワケの一族の族長位の継承次第（継承順）であり、ヲワケ（およびその一族）は、その現実的部分が伝説的部分に接続されることにより、大王のもとでの公的地位が認められたとも述べている。(16)妥当な見解というべきであろう。系譜によって公的地位が認められることと、臣（シン）の身分標識を称することとは対応していたと考えられるのである。

「ワケ」の称号と大王

八代の系譜には、三代テヨカリワケ、四代タカヒシワケ、五代タサキワケと、三代にわたって「ワケ」の称号がみえ、ヲワケ自身もその名に「ワケ」を含んでいる。記紀をはじめ古代の史料には、ワケ（別《わけ》・和気《わけ》）の呼称が多くみえるが、ワケについては、佐伯有清の研究がある。佐伯は、史料上のワケの用法には、カバネとしてのワケ、人名の一部としてのワケ、ウヂの名としてのワケなどがあるが、本来は倭国内の諸豪族の長が称した称号であり、五世紀中頃以前は、大王も地方豪族もひとしくワケを称していたと説いた。(17)

たしかに、第十五代応神天皇のホムタワケ、第十七代履中《りちゅう》天皇のイザホワケ、第十八代反正《はんぜい》天皇のミツハワケなど、倭の五王の讃《さん》・珍《ちん》に比定される五世紀前半の天皇は、ワケを含む名で伝えられている。これらの天皇名が当時の名である確証はないが、ワカタケル大王の時代（五世紀後半）に、称号としてのワケや、人名の一部としてのワケが実際に用いられていたことは、稲荷山鉄剣銘に明らかである。

ほかにワケを含む名で伝えられる天皇に、第十二代景行天皇（オホタラシヒコオシロワケ）がいる。そして、記紀には、この天皇には八〇人の子があり、そのうち成務天皇と倭建《やまとたけるの》命《みこと》（日本武尊《やまとたけるのみこと》）と五百木之入日子命《いおきのいりひこ》（五百城入彦皇子《いおきいりひこ》）の三人を除く七七人は、いずれも各地に派遣され、それぞれの地に封ぜられたという伝承が記されている。『古事記』には、「七十七王は、悉《ことごとく》に国々の国造、亦《また》和気、及稲置、県主に別け賜ひき」とあり、『日本書紀』には、「七十余の子は、皆国郡に封《ことよ》させて、各其の国に如《ゆ》かしむ。故《かれ》、今の時《よ》に当りて、諸国の別と謂《い》へるは、即ち其の別王の苗裔《みあなすえ》なり」とある。『古事記』では和気（ワケ）だけではなく、国造・稲置・県主の名もあげているが、記紀に共通するのはワケのみであり、『日本書紀』の方に本来の伝承に近い内容が示されていると考えられる。それは、「今の時に当たり、諸国の「別」（ワケ）というのは、景行天皇のときに各地に封じられた「別王」（景行の子）の後裔《こうえい》である」ということであろう。景行がオシロワケの名で伝えられることと、この伝承は対応するといってよい。「今の時」がいつかを明確にはできないが、このような伝承が成立するためには、実際に、諸国の豪族がワケを称していた時代がなければならない。

そして、大王もワケを称していた時代があったとするならば、その時代の倭国は、まさに連合政権の段階にあったと考えられる。ワカタケル大王の時代には、大王はすでにワケを称してはいないが、当時は、いまだ連合政権の段階を脱し切れていなかったとみるべきであろう。また、ワカタケル大王と地方豪族（杖刀人・典曹人）との間に統属関係は成立していたのであるが、江田船山大刀銘においてムリテが自らの統治権の安泰を願っていることに示されるように、大王の権力は、ムリテの支配範囲の内部にまでは及んでいなかったと推定されるる。ワカタケル大王の時代は、諸国に国造を置いて制度的に支配するという段階には至っていなかったと考えられるのである。

稲荷山鉄剣銘がレントゲン撮影により発見されたのは昭和五十三年（一九七八）のことであり（鉄剣の発掘は昭和四十三年）、それにより江田船山大刀銘の「獲□□□鹵大王」もワカタケル大王と読むべきことが明らかになった。以来、国造制の成立時期を五世紀代に遡らせる説はほとんどみられなくなり、「はじめに」にも述べたとおり、六世紀代に求める説が一般的になったのである。

3　国造制の成立過程と磐井の乱

国造の設置とその国（クニ）の境界の設定

記紀の国造設置記事に共通する原資料において、成務天皇の時代に国造を設置し、その国の境界を定めたという伝えがあったと推定されることは、すでに述べた。成務天皇の実在は疑わしいのであるが、国造の設置がそのクニ（以下、国造の国はクニと表記することとする）の境界設定をともなったという点については、事実に基づく伝えと考えてよいと思う。

『常陸《ひたち》国風土記』の多珂《たか》郡条の冒頭部分には、次のような記事が載せられている。

古老のいへらく、斯我《しが》の高穴穂《たかあなほ》の宮に大八洲照臨《おおやしましろ》しめしし天皇のみ世、建御狭日《たけみさひ》命を以《も》ちて多珂《たか》の国造に任《よさ》しき。……建御狭日命、遣はされし時に当り、久慈《くじ》の堺の助河《すけかわ》を以ちて道前《みちのくち》と為し、……陸奥《むつ》の国石城《いわき》の郡の苦麻《くま》の村を道後《みちのしり》と為しき。

これによれば、成務天皇の時代に、建御狭日命が多珂国造（のちの常陸国多珂郡と陸奥国菊《きく》多《た》郡・石城郡を合わせた地域の国造）に任命され、建御狭日命は、国造としてこの地に派遣された際に、久慈との境の助河を「道前」、のちの陸奥国石城郡の苦麻村を「道後」とする多珂のクニの範囲を定めたというのである。成務のときに初代多珂国造が任命され、中央から赴任してきたというのは事実の伝えとは考えられないが、ここでは、初代国造の任命とともに、そのクニの境界が設定されたとあることに注意したい。もちろん、この境界を、地図上に一線をもって画せるような厳密なものとみることはできないのであり、「道前」「道後」という表現に示されるように、それは交通路上に設定された境と考えられる。

また、久慈の境の助河を「道前」としたというのであるから、多珂国造のクニは、久慈国造（のちの常陸国久慈郡地域の国造）のクニと境を接していたことになる。右の記事に「久慈国造」の名はみえないが、『常陸国風土記』の総記の部分には、常陸国が成立する以前は新《にい》治《ばり》・筑波《つくは》・茨《うばら》城《き》・那賀《なか》・久慈・多珂の六つの国（国造のクニ）に分かれていたという記事があり、ここに「久慈」とあるのは、その久慈のクニを指しているとみてよい。『先代旧事本紀』巻十の「国造本紀」にも「久自《くじ》国造」の名がみえており、久慈（久自）国造が実在したことは間違いないと考えられる。

国造が一定の地域（クニ）を管掌範囲としていたことは、クニノミヤツコという名からも明らかであろうが、『続日本紀』の延暦《えんりゃく》十年（七九一）九月丙子《へいし》条に記す凡直《おおしのあたい》千継《ちつぐ》らの言上に、「千継らが先は、皇直《おおのあたい》（皇直の皇は、のちに凡に転じたウヂ名とみられるが、個人名とみることもできる）なり。訳語田《おさだ》朝庭（第三十代敏達天皇）の御世に、国造の葉《すえ》を継ぎて（国造の職を継承して）所部の界《さかい》を管《つかさど》れり」とあることにも、それはよく示されている。

国造のクニが、大和政権によって二次的に設定された行政区としての性格を持つということは、井上光貞《いのうえみつさだ》によって早くに説かれたところであるが[18]、国造をはじめて任命するにあたっては、当然その管掌範囲（クニ）の設定も行われたものと考えられる[19]。

崇峻紀の国境画定記事

国造の設置がクニの設定をともなうものであったならば、崇峻《すしゅん》紀二年（五八九）七月朔条の次の記事が注目されるであろう。

近江臣満《おうみのおみみつ》を東山道の使に遣して、蝦夷《えみし》の国の境を観《み》しむ。宍人臣雁《かり》を東海道の使に遣して、東の方の海に浜《そ》へる諸国《くにぐに》の境を観しむ。阿倍臣を北陸道の使に遣して、越《こし》等の諸国の境を観しむ。

この記事の信憑性については、内容的には、当時のものとして疑う必要はないと考えられている。[20]「東山道」「東海道」「北陸道」というのは、律令制下の知識による潤色の可能性が高いが、それらを掲げる右の順序は、律令制下における通常の順序（東海→東山→北陸）とは異なっており、かえって何らかの原資料に基づいた記事であることを示している。

問題となるのは、ここに「観しむ」とあることの意味であるが、諸国の境を画定させるという意味に解してよいと思う。孝徳紀大化二年（六四六）八月癸酉《きゆう》条には、諸国に派遣する「国司」と任地の国造に対して、いくつかの任務を与えたという詔（「国司発遣詔」）が載せられており、その一部に次のようにある。

国々の壃堺《さかい》を観て、或《ある》いは書にしるし或いは図をかきて、持ち来《まい》りて示《み》せ奉れ。国県《くにこおり》の名は、来《もうこ》む時に将《まさ》に定めむ。

ここに「国々の壃堺を観る」とあるのが、「国県」を定めるための行為であることは明らかであろう。「観る」ということは、すでに定められている国々の境を単に見るという意味にはとどまらないのである。

また、崇峻紀五年十一月乙巳《いっし》条には、蘇我馬子が東漢直駒《やまとのあやのあたいこま》をして崇峻天皇を殺害させたという記事があり、そこには、馬子が、この日は「東国の調」が貢進される日であると群臣をだました、という記述がみえる。この「東国の調」の貢進と、右の国境画定作業とは関連すると考えられており(21)、このことからも、「観る」という行為は、単に見るという意味ではないことが窺えるであろう。

崇峻紀二年条の国境画定記事が、のちの東海・東山・北陸道地域（東日本）における国造制の成立を示すということは、すでに原島礼二《はらしまれいじ》・平林章仁《ひらばやしあきひと》らによって説かれているところであり(22)、筆者もまた、そのように考えている。

そして、そう考えてよければ、国造制が東山・東海・北陸道という広い範囲にわたって、一斉に施行された制度（少なくとも一斉に施行が命じられた制度）であったということも指摘できるであろう。国造制は、大和政権に服属した地方豪族をその時々に国造に任ずることで随時施行されていった、というような制度ではなかったのである。

なお、この国境画定記事にいう「東山道」「東海道」「北陸道」が、律令制下のそれと同じ範囲か、という問題は存在する。それは、「東国の調」の「東国」の範囲をどのように考えるか、という問題でもあるが、孝徳紀大化元年（六四五）七月庚辰《こうしん》条には、「大化」の東国「国司」派遣（同年八月庚子《こうし》条）に先立って、尾張《おわり》国と美濃《みの》国に使者を派遣して「神に供《たてまつ》る幣《まいない》を課《おお》す」という記事がみえる。この記事を、東国「国司」派遣に先立つ道饗《みちあえ》の祭り（悪霊などが境界内に入るのを防ぐために路上で饗応《きょうおう》する祭り）のため(23)と解してよいならば、「大化」当時の東国は、尾張・美濃よりさらに東の国々（三河《みかわ》・飛騨《ひだ》・信濃《しなの》以東の国々）を指すとみることができる。崇峻二年当時の「東国」も、これに相当する範囲とみてよいであろう。

一方、東国以外の地域における国造制の施行時期については、継体《けいたい》紀二十二年（五二八）十一月甲子《かっし》条の磐井《いわい》の乱鎮圧の記事に、「遂《つい》に磐井を斬《き》りて、果《はた》して疆場《さかい》を定む」とあることが注意される。これによれば磐井の勢力範囲（九州地域）に国造制が施行されたのは、磐井の乱鎮圧後のことであったと考えられる。

磐井の乱

磐井の乱については、記紀をはじめとして、『釈日本紀《しゃくにほんぎ》』（鎌倉時代後期、卜部兼方《うらべかねかた》によって著された『日本書紀』の注釈書）の巻十三に引用された『筑後《ちくご》国風土記』逸文や、「国造本紀」の伊吉嶋造《いきしまのみやつこ》条にも関係記事がみえ、いずれも継体の時代の出来事としている。継体の時代（六世紀前半）に、筑紫の豪族である磐井が中央政権側によって討たれたということは事実とみてよいであろう。

『古事記』（継体天皇段）には、「竺紫君石井《つくしのきみいわい》」（筑紫君磐井）が天皇の命令に従わなかったため、「物部荒甲《もののべのあらかひ》」（物部麁鹿火《あらかひ》）と大伴金村《おおとものかなむら》の二人を遣わして殺害したという簡単な記事が載せられるのみである。それに対して『日本書紀』には、継体二十一年六月条から二十二年十二月条にかけて、かなり詳しい記事が載せられている。しかし、『日本書紀』の記事は、漢文的潤色が著しく、そのままを事実の伝えとみることはできない。たとえば、継体二十一年八月朔条の継体の詔と物部麁鹿火の言は、『芸文類聚《げいもんるいじゅう》』（中国唐《とう》代初頭の成立。欧陽詢《おうようじゅん》らが諸書の文章を項目別に集め編修した書）を利用した作文で、漢文的潤色の典型的な例とされており、『日本書紀』編纂段階の作文であることが明らかである。坂本太郎《さかもとたろう》は、『日本書紀』の記述は潤色が著しく、『古事記』に書かれている程度の記事が、もとの事実の伝えであろうとしている。[24]穏当な見解というべきであろう。ただ、『日本書紀』においてなぜそのような記事が作られたのか、またその記事から事実を推定することはできないのか、これらの点は考えてみる必要があろう。『日本書紀』の記事内容を要約すると、およそ次のとおりである。

(1)継体二十一年六月甲午《こうご》条

近江毛野臣《おうみのけなのおみ》が軍兵六万を率いて任那に行き、新羅に破られた南加羅《ありひしのから》・喙己呑《とくことん》（いずれも南部加耶《かや》地域の一国）を復興して任那に合わせようとした。筑紫国造磐井は、かねて反逆を企て、機をはかっていたが、それを知った新羅は、磐井に賄賂《わいろ》をおくって毛野臣の軍を防ぐように勧めた。磐井は、火《ひ》・豊《とよ》の二国にも勢力を及ぼして、朝廷の命令に従わず、海路を遮断して高句麗・百済・新羅・任那からの朝貢の船を誘い寄せ、毛野臣の軍を遮った。そのため毛野臣の軍は前進できず、中途にとどまったままであった。継体は、大伴金村らとはかり、物部麁鹿火を将軍とすることに定めた。

(2)同年八月朔条

継体は物部麁鹿火に磐井の征討を命じ、筑紫以西を統制させ、賞罰を任せた。

(3)継体二十二年十一月甲子条

物部麁鹿火は、自ら磐井と筑紫の御井《みい》（のちの筑後国御井郡）で戦い、激戦のすえ、ついに磐井を斬って反乱を鎮圧し、境を定めた。

(4)同年十二月条

磐井の子の筑紫君葛子《くずこ》は、父に連坐《れんざ》して殺されるのを恐れ、糟屋《かすや》屯倉を献上して死罪をあがなうことを請うた。

まず、(1)において、新羅が磐井に賄賂をおくって毛野臣の軍を遮るよう勧めた、とある点についてである。継体を大王とした当時の中央政権は、百済と結ぶという外交方針をとっており、百済と対立していた新羅が磐井と結ぼうとしたということは、大いにあり得ることである。この点に関しては、「国造本紀」の伊吉嶋造条に「磐余玉穂朝《いわれたまほ》に、石井《いわい》に従《したが》へる新羅の海辺の人を伐《き》りし天津水凝《あまつみずこり》の後の上毛布直《かみつみけのあたい》を造《みやつこ》とす」とあることも注意される。磐余玉穂朝（継体の時代）に、石井（磐井）の従者であった新羅の海辺の人を伐った人物（ないしはその後裔）が、その功により伊吉嶋造（伊岐《いき》国造）に任じられたというのである。新羅が磐井に賄賂をおくったという記述は、新羅と磐井が結んだ事実を反映した作文の可能性が高いといえよう。

なお、(1)には、磐井を「筑紫国造磐井」とする表記が一ヶ所みえるが、ほかは単に「磐井」とあり、磐井が「国造」と記されるのはこの箇所のみである。『古事記』には「竺紫君石井」、『筑後国風土記』逸文には「筑紫君磐井」と記され、『日本書紀』においても、磐井の子の葛子は「筑紫君葛子」と表記されている（右の(4)の記事）。ここに磐井が「国造」と記されたのは、事実国造であったからというのではなく、「国造」（大和政権の地方官）と記すことによって、事件が反乱であったことを強調しようとしたものと推定される。あるいは、後述のとおり、乱後は磐井の一族が筑紫国造職を世襲したと考えられるのであり、そのことに基づく遡らせた呼称という可能性もある。いずれにせよ、ここに「筑紫国造磐井」と記されることを理由に、磐井が事実として筑紫国造に任命されていたとみることはできない。

磐井の勢力

次に、同じく(1)において、磐井は筑紫（のちの筑前《ちくぜん》国と筑後国を合わせた範囲）だけではなく火《ひ》（のちの肥前国と肥後国を合わせた範囲）・豊《とよ》（のちの豊前《ぶぜん》国と豊後《ぶんご》国を合わせた範囲）の二国にもその勢力を及ぼしていたとある点はいかがであろうか。磐井が新羅と結んだのが事実であるならば、磐井の勢力は、新羅からも高く評価されていたはずである。そして、この点を考えるうえで参考になるのは、磐井の墓と推定されている岩戸山《いわとやま》古墳の存在である。

磐井の墓については、『筑後国風土記』逸文に詳しい記事があり、墓の所在地・墳丘規模・墓域についての記述のほかに、東北隅に「衙頭《がとう》」と呼ばれる別区があること、そこで裁判が行われていたこと、その別区と墳丘の周囲には多くの石造物が立て並べられていたこと

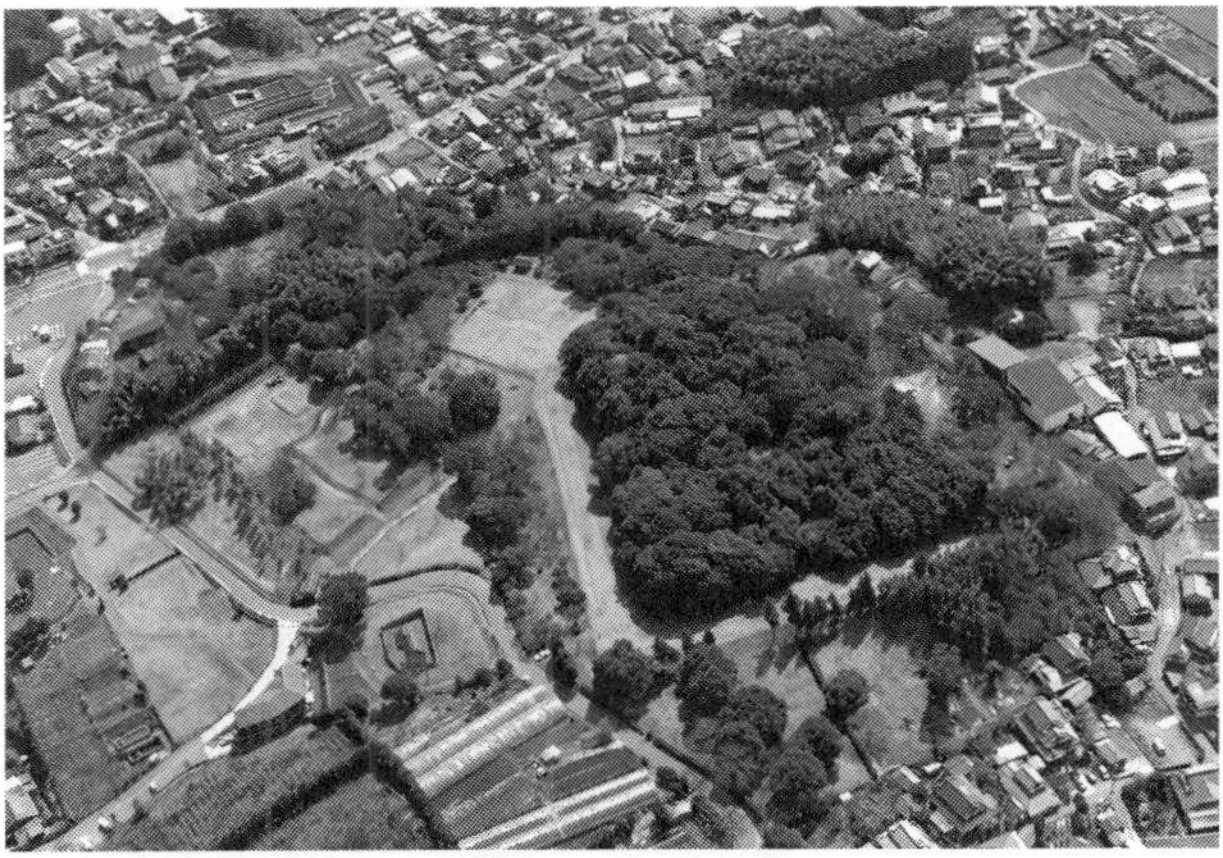

岩戸山古墳（写真・読売新聞社）

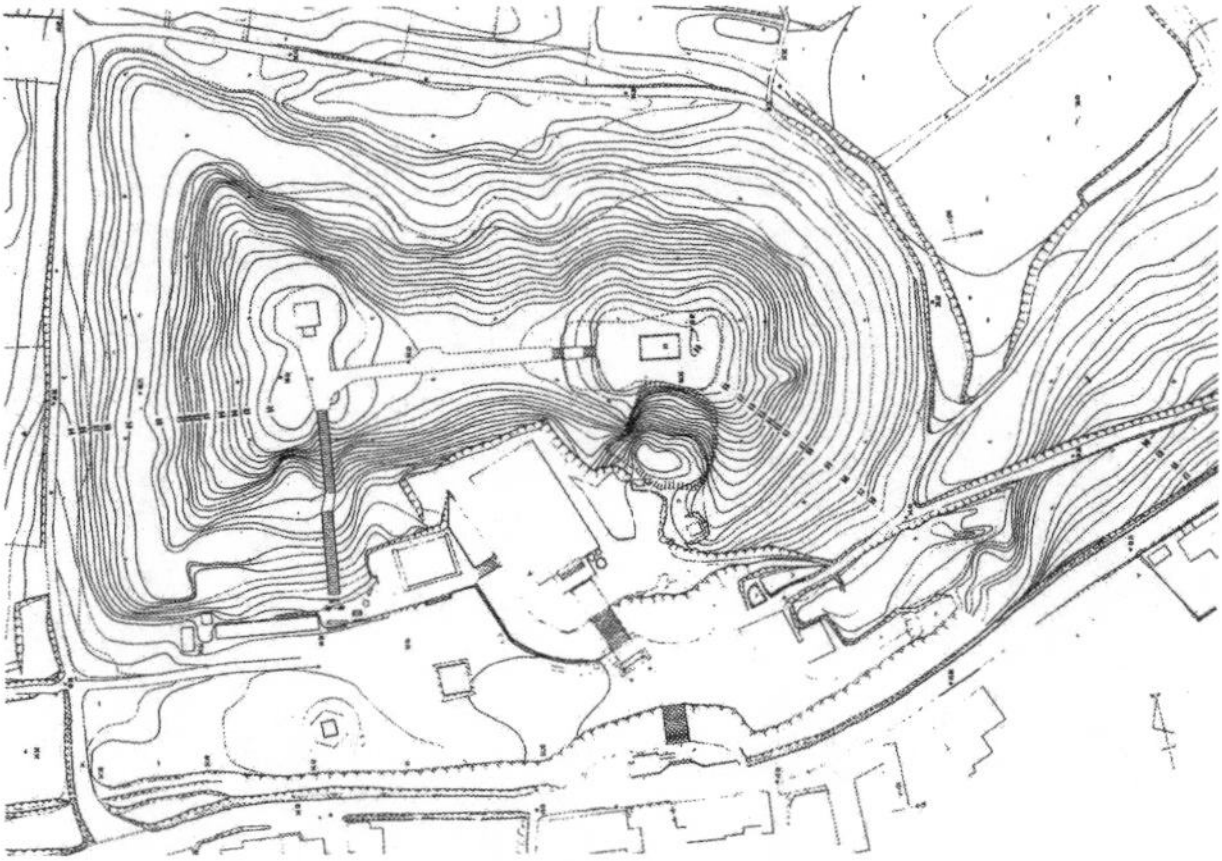

岩戸山古墳の平面図（八女市岩戸山歴史文化交流館）

岩戸山古墳出土の石人像と石馬像（八女市岩戸山歴史文化交流館蔵）

などが記されている。この記述に相当する古墳が、福岡県八女《やめ》市の岩戸山古墳であることはほぼ間違いない。

岩戸山古墳は、六世紀前半の築造と推定される墳丘全長約一三五メートルの前方後円墳であり、十数基の前方後円墳と三〇〇基ほどの円墳から構成される八女古墳群中の最大規模の古墳である。また九州北部全体の中でも最大であり、この時期の古墳としては、畿内地域の最大級の古墳に比べてもひけをとらない。墳丘の東北部には方形の平坦部《へいたんぶ》（造出《つくりだし》）があり、『筑後国風土記』逸文にいう「衙頭」に相当し、その平坦部や墳丘から、石人・石馬などの石造物が多数発見されていることも、『風土記』の記述と対応している。

そして、そのような石造物は、八女古墳群中の石人山《せきじんやま》古墳（五世紀代の築造と推定される墳丘全長約一〇七メートルの前方後円墳）や岩戸山古墳を中心に、福岡・大分・佐賀・熊本・宮崎などの各県（筑紫だけではなく火・豊の二国に及ぶ範囲）の古墳に分布している。柳沢一男《やなぎさわかずお》は、八女古墳群中の大型古墳をはじめとする有明海《ありあけかい》沿岸地域の大型古墳には、石人・石馬などの石造物に加えて、阿蘇《あそ》凝灰岩《ぎょうかいがん》製の横口式家形石棺、筑肥《ちくひ》型と呼ばれる特異な横穴式石室という共通した要素が認められるとし、この地域の首長間には有明首長連合と呼ぶべき広域の政治的結合があったとしている。(25)八女古墳群の造営集団が、岩戸山古墳の段階において、ひろく九州北部にその勢力を広げていたことは間違いないと考えられるのであり、磐井が火・豊の二国にも勢力を及ぼしていたという点も、事実を反映した記述とみてよいであろう。

磐井の乱後

(3)に磐井の乱を鎮圧したのちに境を定めたとあるのを、先に述べたとおり、乱後、磐井の勢力範囲に国造制が施行されたことを示す記事と解してよいならば、磐井の乱の原因の一つには、中央政権が国造制という制度をともなった形でその支配を磐井の勢力範囲に及ぼそうとした、ということが考えられるであろう。筑紫ばかりではなく、火・豊にもその勢力を広げていた磐井にとっては、国造制の施行は勢力範囲の限定につながるからである。

また、(4)には、磐井の乱後、磐井の子の葛子が糟屋屯倉を献上して死罪をあがなったとあるが、この記事からは、磐井が討たれたのちも、磐井の一族が滅亡したのではなかったことが知られる。八女古墳群においては、岩戸山古墳ののちも前方後円墳の造営が行われ、石造物の製作も続けられているのであり、八女古墳群の造営集団は、磐井の乱後もさしてその勢力を縮小することなく、筑紫地方におけるもっとも有力な集団として存続していたことが推定される。

乱後、この地域に国造制が設置された際には、おそらく葛子か、その一族の人物が筑紫国造に任命されたのであろう。磐井の一族（八女古墳群の造営集団）は、磐井が討たれたのちも地域における支配的地位を維持し、その後は筑紫国造として、大和政権の一端を担うことになったのである。筑紫国造に任じられるということは、大王の臣下（地方官）に位置づけられ、その勢力範囲は筑紫のクニに限定されるということであるが、筑紫のクニという範囲内においては、その支配的地位が制度的に保障されるということでもあった。

なお、糟屋屯倉についてであるが、糟屋は律令制下の筑前国糟屋郡に相当する地名であり、糟屋屯倉は博多湾《はかたわん》岸に所在したと考えられる。磐井の本拠地は、岩戸山古墳の営まれた筑後《ちくご》川《がわ》流域にあったと推定されるのであるから、糟屋屯倉は、本拠地から離れたところに置かれていたことになる。磐井の勢力が九州北部に広く及んでいたことや、磐井と新羅の結んだことが事実と考えられるのであれば、磐井が博多湾岸に勢力を伸ばし、そこに外交上の拠点を設置したのは当然のことと考えられる。

葛子が死罪をあがなうために献上したというのが事実かどうかはともかくとして、磐井の乱後、磐井が糟屋の地に設置した外交上の拠点が、中央政権側に移ったことは間違いないであろう。中央政権による外交権の一元的掌握は、磐井を討つことによって可能になったと考えられるのである。このことは、宣化紀元年（五三六）五月朔条に、中央政権の外交上の拠点として那津官家《なのつのみやけ》（のちの大宰府《だざいふ》につながる施設）を設置したという記事のあることからも窺うことができる。那津官家も糟屋屯倉と同じく博多湾岸に所在するのであり、中央政権は磐井の外交上の拠点（糟屋屯倉）を手に入れることにより、那津官家を設置することができたのである。

以上、磐井の乱について取り上げ、乱の一因には、継体を大王とする中央政権が、国造制という制度をともなった形での支配を、磐井の勢力範囲にも及ぼそうとしたことがあったと推定されると述べた。次には、遡って、継体の即位事情について取り上げることにしたい。

継体天皇の即位事情

記紀によれば、雄略天皇の死後、その子の清寧《せいねい》天皇が即位したが、清寧には子がなく、その死後は、播磨《はりま》に隠れ住んでいた意祁《おけ》（億計《おけ》）・袁祁《をけ》（弘計《をけ》）の二王（履中天皇の孫）が迎えられ、互いに譲り合ったのち、先に弟のヲケ王が即位し（第二十三代顕宗《けんぞう》天皇）、その死後に兄のオケ王が即位した（第二十四代仁賢《にんけん》天皇）という。そして仁賢の次は、その子の武烈《ぶれつ》天皇が即位したが、武烈にも子がなく、その死後は、応神天皇の五世孫である袁本杼《おおど》命（男大《おお》

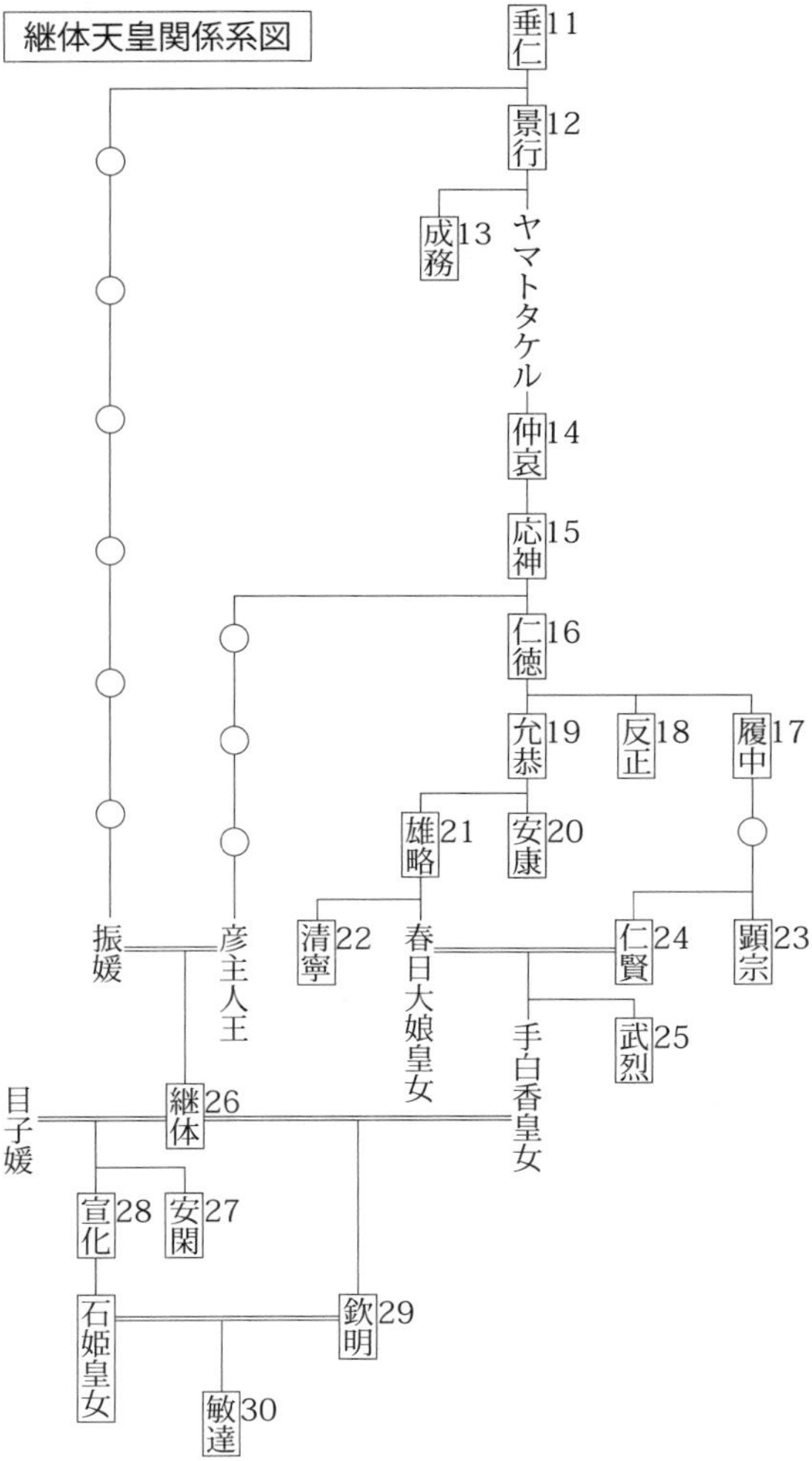
継体天皇関係系図
垂仁11
景行12
成務13
ヤマトタケル
仲哀14
応神15
仁徳16
履中17
反正18
允恭19
安康20
雄略21
清寧22
顕宗23
仁賢24
武烈25
振媛
彦主人王
春日大娘皇女
手白香皇女
目子媛
継体26
安閑27
宣化28
欽明29
石姫皇女
敏達30

迹《ど》王）が、第二十六代継体天皇として迎えられた、というのである。

雄略の死後、継体の即位まで、四代の天皇が続いたとされるが、この間の記述はきわめて説話的であり、なかには実在の疑わしい天皇も含まれている。記紀の記述から、この間の事実を復元するのは困難である。ただ、王位をめぐる争いや混乱を示す記事の多いことは、実際に混乱していたことの反映であるとも考えられる。継体の即位自体が、そのような混乱状況のなかでの即位と推定されるのである。

継体の即位事情について、『古事記』には、応神五世孫の袁本杼命が近江から迎えられ、仁賢の娘の手白髪命《たしらか》との結婚を条件に擁立され、磐余《いわれ》の玉穂宮《たまほ》（現在の奈良県桜井市《さくらい》）にて天下を治めた、という簡単な記述があるのみである。『日本書紀』には、およそ次のように記されている。


応神五世孫の男大迹王は、大伴金村・物部麁鹿火らの有力豪族によって、越前《えちぜん》の三国《みくに》（福井県坂井市《さかい》）から迎えられ、継体元年（五〇七）に河内《かわち》の樟葉宮《くすは》（大阪府枚方市《ひらかた》）で即位した。即位に際しては、大伴金村から、仁賢の娘である手白香皇女《たしらか》を皇后に立て、後継ぎをもうけることを奏請され、これを承諾した。その後、継体五年に山背《やましろ》の筒城《つつき》（京都府綴喜《つづき》郡）、継体十二年に弟国《おとくに》（京都府乙訓《おとくに》郡）に都を遷《うつ》し、継体二十年、大和の磐余玉穂宮に入った（磐余玉穂宮に入ったのは継体七年とする別伝も注記されている）。

記紀の所伝には違いもあるが、大筋においては共通している。共通する内容のうち、応神五世孫については、継体の即位を正当化するための作為の可能性が高いと思う。『釈日本紀』巻十三に引用される『上宮記《じょうぐうき》』（『釈日本紀』などに引用される形でのみ伝わる書。上宮＝聖徳太子に関わる歴史書か、あるいは聖徳太子に仮託して著された歴史書と推定される）には、「一云《あるにいわく》」として応神から継体までの五代の具体的系譜が記されている。そしてその系譜は、記紀以前の七世紀代に遡る古い形式の系譜とみられている(26)。しかしそれは、いくつかの系譜を接合したものであり、個々の部分は古い系譜であっても、それを接合した時期は、記紀以降である可能性が否定できない。また、継体を応神五世孫とする系譜が記紀以前から成立していたとしても、それが事実ということにはならないし、たとえ事実であったとしても、応神五世孫ということであれば、継体と仁賢・武烈らとの間に血縁関係はなかったにひとしい。

次に、継体は、仁賢の娘の手白髪命（手白香皇女）との結婚を条件に、諸豪族によって擁立されたという点も、記紀に共通している。継体と手白香皇女との結婚は、その間に第二十九代欽明天皇が生まれている（そして欽明の子孫がその後の皇位を継承している）ことからして、事実とみてよいであろう。継体の子の安閑・宣化天皇も仁賢の娘を妻としているが、継体の即位にあたっては、このような政略結婚を行う必要があったと推定されるのである。

地方出身の大王

諸豪族によって地方から擁立されたという点については、継体は大和に攻め入って即位した新王朝の創始者であるとする説もある。(27) この説によれば、継体が大和入りする前に都を転々と遷したとする伝えは、継体の大和入りに反対する勢力のあったことを示しているとされる。継体の即位が手白香皇女との婚姻を条件としていたならば、手白香皇女は大和に居住していたと推定されるから（仁賢の宮の石上広高宮《いそのかみのひろたか》の石上《いそのかみ》や、手白香皇女の母の春日大娘皇女《かすがのおおいらつめ》の春日《かすが》は、いずれも奈良盆地東部の地名である）、継体は大和に入ってから即位したとみる方が妥当であろう。継体が河内の樟葉宮で即位し、筒城、弟国と都を遷したとする『日本書紀』の伝えを、そのまま事実とみるわけにはいかないのである。ただ、継体が地方から迎えられて即位したのが事実であれば、それに反対する勢力が存在したことは、十分に推測されるところである。

『古事記』では近江から、『日本書紀』では越前の三国から迎えたとある点については、継体の本拠地（出身地）は、記紀に伝える継体の后妃からすると、近江とみるのが妥当と考えられる。『古事記』に伝える八人の后妃のうちの四人、『日本書紀』に伝える九人のうちの四人が近江の出身者であり、最初の妃《きさき》と推定される若比売《わかひめ》（稚子媛《わかこひめ》）も近江出身者である。『日本書紀』が越前からとするのは、継体即位前紀に次のような生い立ちの記事を載せたことと関連するのであろう。

男大迹天皇 更《また》の名は彦太尊《ひこふとのみこと》。は、誉田《ほんだ》天皇（応神）の五世の孫、彦主人《ひこうし》王の子なり。母を振媛《ふりひめ》と曰《もう》す。振媛は活目《いくめ》天皇（垂仁《すいにん》）の七世の孫なり。天皇の父、振媛が顔容《かお》姝妙《きらぎら》しくして、甚だ嬿色《うるわしきいろ》有りといふことを聞きて、近江国の高嶋《たかしま》郡の三尾《みお》の別業より、使を遣して、三国の坂中井《さかない》 中、此《これ》をば那《な》と云ふ。に聘《むか》へて、納《めしい》れて妃としたまふ。遂に天皇を産む。天皇幼年《みとしわか》くして、父の王薨《う》せましぬ。振媛廼《すなわ》ち歎《なげ》きて曰はく、「妾《われ》、今遠く桑梓《もとつくに》を離れたり。安《いずくん》ぞ能《よ》く膝養《ひたしまつ》ること得む。余《われ》、高向《たかむこ》に帰寧《おやとぶら》ひがてらに 高向は越前国の邑《さと》の名なり。天皇を奉養《ひだしたてまつ》らむ」といふ。

＊引用文中の小字は割注。以下同じ。

これによれば、継体の父の彦主人王は、継体の母の振媛が美人であることを聞いて、越前の三国から近江の高島の三尾に迎えて妃とし、そこで継体が生まれた、継体が幼いときに、父の彦主人王が死んでしまったので、母の振媛は実家の越前に戻って継体を育てた、というのである。これと同じ伝えは、先にみた『釈日本紀』所引の『上宮記』「一云」にも、系譜記事に続けて記されている。『日本書紀』は、この記事に対応させ、越前から迎えたとしたものと考えられる。

なお、『日本書紀』によれば、継体の即位は西暦にして五〇七年のこととされるが、事実としても、その頃の即位とみてよいとするのが、今日の一般的理解である。

継体の即位事情については、さまざまな議論が積み重ねられているが、いまだ共通した理解は得られていない。筆者は、継体は近江を出身地とする地方豪族であり、琵琶《びわ》湖と大阪湾を結ぶ淀川《よどがわ》水系に勢力を伸ばし、さらに、それまでの王権の本拠地であった大和の磐余の地に入り、玉穂宮にて王権を継承した大王であったと考えている。(28) そのとおりではないにしても、継体が地方から大和に入って即位した大王であったことは認めてよいであろう。

継体の即位と国造制

このようにして即位した継体にとっては、大和の支配を固めることが急務であったと推定される。そこで注意されるのが、国造は、王権の所在地であり、中央豪族の盤踞《ばんきょ》する畿内地域にも置かれているということである。国造制について考える場合、畿内の国造は特殊な例として除外されがちであるが、むしろ、畿内にも国造が置かれているというところに、国造制の特徴が求められるべきであろう。

「国造本紀」には、畿内の国造として、大倭《やまと》国造・葛城《かずらき》国造・凡河内《おおしかわち》国造・山城《やましろ》国造・山背《やましろ》国造の六国造が載せられている（山城国造と山背国造が重なっている点については、第三章の1参照）。このうちの大倭国造と葛城国造は、神武紀にもその名がみえ、神武天皇の大和入りに功があったことにより、珍彦《うずひこ》が倭国造、剣根《つるぎね》が葛城国造に任命されたとある。

直木孝次郎によれば、継体紀の記述と神武天皇伝説との間には多くの類似点があり、継体に関わる事実や伝承をもとに神武伝説が潤色・形成されたと考えられるという(29)。たしかにそのとおりであり、大倭国造（倭国造）・葛城国造の任命は、継体のときの事実と考えてよいのではなかろうか。地方から大和に入って即位した継体であったがゆえに、畿内に対しても、それをいくつかの範囲（クニ）に分け、それぞれに国造を任命して統轄させる必要があったと考えられるのである。いいかえれば、そのようにして即位した継体であったがゆえに、中央豪族の勢力が錯綜する畿内地域においても、国造を設置することができたということである。

一方、九州地方（のちの西海道《さいかいどう》地域）に国造制が施行されたのは、磐井の乱の鎮圧後と考えられること、および、磐井の乱の一因には、継体（中央政権）が国造制という制度をともなう形での支配を磐井の勢力範囲に及ぼそうとしていたことがあったと考えられること、これらの点は、先に述べたとおりである。したがって、畿内地域や中国・四国地方（のちの山《さん》陰《いん》・山陽《さんよう》・南海道《なんかいどう》地域）においては、磐井の乱以前に国造制が施行されていたと考えられる。そして、のちの東海・東山・北陸道地域においても、尾張・美濃・越前以西までは、国造が設置されたと考えてよいと思う。

継体は即位以前から尾張出身の目子郎女《めのこのいらつめ》（目子媛《めのこひめ》）を妻とし、その間にのちの安閑・宣化天皇が生まれており、『上宮記』「一云」の系譜によれば、継体の父の汙斯王《うし》（彦主人王）は美濃の「牟義都国造《むげつ》」（当時国造制は未成立であったと考えられるので、系譜にいう「牟義都国造」は、のちの牟義都国造の一族というほどの意味であろう）の娘を母としたとある。また、継体即位前紀や『上宮記』「一云」によれば、継体の母の振媛（布利比弥命《ふりひめ》）は越前出身の女性で、継体は越前で養育されたと伝えられている。

このように、尾張・美濃・越前は、継体との関係の深い地域であり、継体の時代に、畿内を含む西日本に国造制が施行されたとするならば、東日本に対しても、これらの地域にまでは及んだと考えるのが自然であろう。崇峻紀二年（五八九）七月朔条の国境画定記事は、東日本における国造制の施行を示す記事と考えられるのであるが、そこにいう「東海道」「東山道」が、尾張・美濃よりもさらに東の地域を指す可能性の高いことは、先に述べたとおりであり、両者は、うまく対応しているのである。

国造制成立の契機

継体の即位自体が、国造制成立の契機になったと推定したのであるが、いま一つの重要な契機として、朝鮮半島派遣軍のための軍丁（兵士）の確保ということがあったと考えられる。

継体の時代（『日本書紀』によれば五〇七～五三一年。別伝では五三四年まで）の朝鮮半島は、百済と新羅が南下策をとる高句麗に対抗しつつ、それぞれ加耶地域（「任那」）への進出をはかっていた時代であった。継体紀に記す百済への「任那四県の割譲」や「己汶《こもん》・帯沙《たさ》の下賜」は、百済の加耶地域への領土拡大を倭（日本）が承認したことを、『日本書紀』の立場で記したものである。『日本書紀』においては、「任那」（加耶地域）は古くから日本の支配下にあり、百済や新羅も日本に従属する国であったと位置づけている。もちろん、このような位置づけは事実に基づくものではないが、当時、日本が加耶地域と密接な関係を持っていたことや、百済・新羅の進出により、この地域における軍事的緊張が高まっていたことは事実と認めてよいであろう。このようななかで、継体が軍事力の強化、朝鮮半島派遣軍の軍丁の確保をはかったということは、容易に推測されるところである。

一方、本章の1で述べたとおり、『日本書紀』の記事から実在の認められる初期の国造は、宣化の時代の「火葦北国造刑部靫部阿利斯登」、欽明の時代の「筑紫国造」「倭国造手彦」、敏達の時代の「紀国造押勝」など、いずれも朝鮮半島派遣軍に加わったか、軍をともなっていたかは不明であっても朝鮮半島に派遣された国造であったことは注意されるところである。推古十年（六〇二）条にも、来目皇子を将軍とする新羅征討軍に国造が加わったと記されている。

国造の軍事的性格については、八世紀の防人《さきもり》集団の編成にも、「国造軍《こくぞうぐん》」の遺制が認められるとする説があり、(30)『隋書』倭国伝にいう「軍尼」（クニ）に「軍」の漢字が使われていることにも示されているとの指摘もある。(31)次章で述べるとおり、国造は基本的にはクニを統轄する行政官としての性格を持っていたと考えられるのであるが、国造制施行当初においては、朝鮮半島派遣のための軍丁を、クニを単位に広く徴発するという役割をもって設置されたという性格が強かったのではないかと思う。国造制施行の主たる目的が、朝鮮半島派遣の軍丁確保にあったとするならば、それが、まず西日本を対象に施行されたということも、自然なものとして理解されるであろう。

また、国造制の施行は、国造に任じられる豪族にとっては、クニを範囲とした地方官としての地位を中央権力によって保障されるということであり、多くの場合、歓迎できることであったと推定される。国造制の施行も、地域の豪族の支持があってはじめて可能であったと考えられるのであるが、筑紫の磐井のように、国造制の施行によって、それまで広範囲に有していた一族の支配的地位を、制限されるという場合もあったのである。

第二章　国造制とは何か

1　国造制の内容についてのこれまでの研究

井上光貞の見解

国造制の内容についてのこれまでの研究のなかで、まずあげなければならないのは、戦後まもない昭和二十六年（一九五一）に発表された井上光貞の「国造制の成立」である。この論文は、国造制を単に大和政権の地方支配制度というだけではなく、国家形成史上の重要な研究課題として位置づけたものであり、その内容は、およそ次のように要約できる。

①遅くとも七世紀のはじめまでには、国県制《こくけん》と名づけられるべき、国（クニ）を上級組織、県（アガタ）を下級組織とする、かなり整然とした地方制度が成立していた。
②国（クニ）が国家の行政目的のために二次的に編成された区画であるのに対し、県（アガタ）には、かつて独立の小国であった祭祀的・部族的な人的団体が国（クニ）に編入され、県（アガタ）と呼称されるに至ったものが多い。
③国（クニ）の長が国造、県（アガタ）の長が県主であり、稲置は県主の姓（カバネ）と考えられる。
④このような国県制は、大和朝廷が畿内支配のために生み出したものであり、それを全国的に敷衍《ふえん》しようとしたのである。
⑤しかし、国県制の実情は地域によって多様であり、畿内や北九州の先進地帯で実現された典型的国県制が、全国的に整備されていたのではなかった。

この井上の見解は、前章の1に引用した『隋書』倭国伝の記事を、基本的には信頼できるとしたうえでの見解である。

上田正昭による井上説批判と「国県論争」

井上光貞の「国造制の成立」が発表されて、一〇年近く経過した昭和三十四年、上田正昭《うえだまさあき》の「国県制の実態とその本質」が発表され、井上説に対する本格的批判が提示された。これに対して井上は、翌年、「国県制の存否について」を発表し、上田の批判に応え、一部を修正したうえで自説を再論した。この論争を「国県論争」と呼んでいる。

上田による井上説批判の要点は、およそ次のとおりである。

①七世紀初頭以降その後半にいたるまでの史料に、国（クニ）の下級組織としての県（アガタ）や、国造の下級官としての県主のことはみられず、国県制という行政制度を認めることは、史料的に不可能である。

②『隋書』倭国伝の記事は、隋の百家一里制を念頭においた文飾豊かなものであり、国県制の存在を傍証するものではない。また、『隋書』の伊尼翼（冀）が稲置を指すにしても、稲置を県主の姓（カバネ）とみるのは誤りである。

③文献に現れる県（アガタ）名・県主名は継体朝以前の記事に集中し、その地域的分布も限られており、県主制は、国造制に先行し、三世紀後半より五世紀にかけて展開した制

度と考えられる。

④したがって、国造制が盛行した六、七世紀においては、県（アガタ）は実質的な意味を失い、畿内およびその周辺に遺制をとどめたにすぎなかった。

この批判に応えた井上の「国県制の存否について」の内容は、およそ次のとおりである。

①上田は『隋書』倭国伝の記事内容を疑わしいとするが、それは七世紀初頭の日本と隋との交渉のなかで隋にもたらされた知識であり、軍尼・伊尼翼という中国にないものや、百二十・八十などの独特な数字を伝えていることは、その信憑性を示すものである。

②『隋書』の記事は、成務紀に「国郡に造長を立て、県邑に稲置を置く」とあるのとよく合致し、また、孝徳紀大化元年（六四五）八月庚子条の「東国国司詔」（第一詔）の一節に「若《も》し名を求むる人有りて、元《はじめ》より国造《くにのみやつこ》・伴造《とものみやつこ》・県稲置《こおりのいなき》に非ずして、輙《たやす》く詐《いつわ》り訴へて言《もう》さまく、『我が祖《おや》の時より、此の官家《みやけ》を領《あずか》り、此の郡県《こおり》を治む』とまうさむ」とあるのは、当時、現実に国造と並んで「県稲置」が存在していたことを、もっとも確実に示す史料である。

③したがって、遅くとも七世紀初頭以降に、国県の二段階的地方組織がある地域において存在していたことは、依然としてこれを疑わない。
④ただし、稲置を県主の姓（カバネ）としたのは誤りであり、この点については、「県」には県主の県（アガタ）と稲置の県（コホリ）の二種類があったとした中田薫《なかだかおる》の説（「我古典の「部」及び「県」に就て」）に従うべきである。
⑤つまり、国造の国（クニ）の下級組織として設けられたのは稲置の県（コホリ）であり、これは郡県化のために作り出された制度である。これに対して、県主の県（アガタ）は起源も古く、少なくとも七世紀には大和朝廷の直轄地として存在していた。ただ、県主の県（アガタ）も国造の国（クニ）に含まれるのであるから、この場合も国造の下に県主が存在したことになる。

井上は、この再論において、稲置を県主のカバネとしたことを改め、「県」には県主のアガタと稲置のコホリの二種類があるとした。このことにより、両説の矛盾はかなり解消されることになった。井上のいう国県制は国造（クニ）―稲置（コホリ）の制度であり、上田が論じた「県」は県主のアガタということになるからである。しかし上田は、国造のクニの下級組織として稲置のコホリがあったということに否定的であり、国造制下の県主・稲置をめぐっては、依然両説は対立したままであった。

石母田正の国造論

国造制の内容についての研究は、昭和四十年代中頃（一九七〇年代はじめ頃）にあいついで発表された石母田正《いしもだしょう》の『日本の古代国家』と、吉田晶《よしだあきら》の『日本古代国家成立史論』によって大きく進展した。まず、石母田の見解からみていこう。

石母田の『日本の古代国家』は、国造制に限らず古代国家全体を論じたものであり、在地《ざいち》首長制論《しゅちょうせいろん》を提唱した研究として著名である。石母田の在地首長制論をごく簡単に要約するならば、日本古代の基本的生産関係は、在地首長とその配下のアジア的共同体成員との人格的支配・隷属関係にあり、律令国家はこれを郡司《ぐんじ》制に制度化したが、そこにおいてもなお在地首長による支配が第一次的生産関係として存在し、国家による支配は二次的なものであった、ということになろう。

そして石母田は、国造制を在地首長と国家の結節点として位置づけ、国造には、在地首長の支配の体制と領域がそのまま国（クニ）として編成された小国造と、国造自身も一個の首長層であると同時に、その支配領域内部に多くの自立的首長層をかかえた大国造の二つの型があったとし、国家の成立史において重要な役割を果たしたのは大国造であったとする。国造制の内容についての石母田の見解は、およそ次のように要約できるであろう。

①国造制の成立は大国造制の成立として捉《とら》えられるべきであり、それは大和国家の上からの編成により、五世紀末から六世紀代に成立したものと考えられる。

②大国造制の成立にともなって、その国内の首長層は、あるいは小国造として、あるいは県主として、大国造のもとに編成された。

③県主は、大王に対して特殊な歴史的伝統を負った首長であることを特徴としているが、六世紀以降の生産力の発展と階級分化の進行によって、在地首長としての県主の自立的支配は解体していき、その結果、県主の祭祀的側面が前面に現れる一方、県主から県（アガタ）が分離する傾向が生じた。稲置の成立は、この変化と関連させて考えるべきである。

④つまり、一方では、『隋書』や「東国国司詔」（第一詔）にみえる記事などから、大国造―在地伴造―部民・ミヤケ、大国造―稲置―公戸―県（コホリ）という大国造制の二重

の構造が考えられるのであり、部民制に編成されていない「公戸」を管領するこの稲置は、大国造の内部に包摂されていた小国造・県主などの首長が、官職的側面を強化しつつあった形態と考えることができる。
⑤国造制は、部民制・ミヤケ制と不可分の関係にあるが、国造固有の行政内容はそれとは別個のものであり、そこに「国造法」の概念を設定する必要がある。
⑥「国造法」は、在地首長の法慣行が、中央権力との関係において制度化され、転化して形成された法であり、在地首長の人格的支配に基づくとともに、領域的支配の形態でもあった。
⑦「国造法」の内容は、国（クニ）の秩序の支柱である裁判権・刑罰権を根幹とし、軍役を含めた徭役賦課《ようえきふか》権や戸調《こちょう》・田租《でんそ》の徴収権などの徴税権を主要な内容としており、勧農（農事の指導・統制）をはじめとする行政権や、祭祀権もその重要な一側面であった。
⑧この「国造法」は、部民・非部民（公戸）の区別なく、領内のすべての民戸に及んでいたと考えられる。
⑨大国造制は、律令国家のもとでは国司制に代置され、クニ内部の首長層は郡司に編成されたが、それは大国造自体が一首長にすぎず、クニ内部のほかの首長層との関係が全体

として組織化されていなかったからである。

「大国造」と「小国造」

石母田のいう「国造法」の概念は難解であるが、国造の権限はクニ内部のすべての集団に及んでいたとするのであり、この点も含め、筆者は、石母田の国造論を基本的には妥当なものと考えている（細部の違いについては次節以降を参照）。ただし、石母田は、律令制下の郡名をクニの名とするような小規模な国造を「小国造」、国名をクニの名とするような大規模な国造を「大国造」とし、「小国造」は「大国造」の内部に編成されたとしたのであるが、この点は疑問であろう。

すでに山尾幸久《やまおゆきひさ》による批判があるとおり(1)、律令制下の国名には、その国内の郡名と一致する例も多く、この場合は、「大国造」「小国造」の区別がつかない。また、律令制下の国・郡の範囲と、その名を帯びる国造のクニの範囲とは、必ずしも一致するとは限らないのであり、ある令制国の名をクニの名とする国造と、その令制国に属する郡の名をクニの名とする国造が存在した場合、必ずしも前者の国造のクニの内部に、後者の国造のクニが含まれるということにはならない。たとえば、葛城国造は律令制下の大和国に含まれる葛上郡《かずらきのかみ》・葛下郡《かずらきのしも》の名をクニの名とする国造であるが、大和国の名をクニの名とする倭（大倭）国造の内部に編成されていたのではあるまい。両者は併存していたとみるべきであり、国造制下の倭（大倭）国造のクニの範囲は、令制国の大和の範囲と一致するのではなく、それよりも狭い範囲であったと考えられる。(2)

また、これも山尾による批判があるとおり、令制国の国名を帯びる国造（石母田のいう「大国造」）と、その国の郡名を帯びる国造（「小国造」）が統属関係にあったことを示すような史料は存在しないのである。石母田は『古事記』成務天皇段に「大国小国の国造を定めた」とあるのを史料的根拠としているが、これは、前章の1で述べたとおり、国造のクニの範囲に大小（広狭）があったことを表現したものにすぎず、国造に性格の異なった二つの型があったことを示すものではない。そもそも、ある国造のクニの内部に、別の国造のクニが含まれるというようなことは、制度として不自然であろう。

国造は小規模な国造でもそのクニの内部には、国造自身のほかに自立的な勢力を含んでいたのが通例と考えられるのであり、筆者は、国造の多くは、石母田のいう「大国造」としての性格を持っていたと考えている。

吉田晶の国造論

次に、吉田晶の『日本古代国家成立史論』における見解についてである。石母田の在地首長制論にいう首長は、四、五世紀においては前期古墳を造営し、のちには郡司に編成されていったクラスの首長を指しているが、吉田は、六、七世紀においては、石母田のいう在地首長より下位の村落首長による支配が、基本的生産関係であったとしている。吉田によれば、六世紀代には従来のアジア的共同体内部に家父長的世帯共同体による個別経営が成立し、それらの地縁的編成に基づく新しい農耕共同体が形成され、自らも個別経営の主体となり、その農耕共同体を支配するところの村落首長層が出現したとする。そして、その出現に対応するための各地域の首長的秩序の再編が、中央権力との密接な関係を持ちつつ進められ、そこに国造を頂点とした政治体制が成立したとするのである。吉田の国造制の内容についての見解は、およそ次のように要約できるであろう。

①国造制は、六世紀中葉以降に中央権力による全国的支配の体制として成立したものであり、国造は、各地域の首長的秩序の頂点に立ち、その地域における最高の地位を公的に認められた首長であった。

②国造が直接に階級支配を行ったのは、国造自身が大村落首長として支配した共同体であり、公的に支配権の認められた地域（クニ）全体を直接に支配したのではなかった。
③国造はクニにおける最高の裁判権・祭祀権を持ち、軍事的な組織の中心に立つものでもあったが、クニ内部には県（アガタ）・ミヤケ・部などが存在し、それらはそれぞれを直接支配する首長層を通じて、中央との間に統属関係を持っていた。
④したがって、国造が一元的に地域支配権を掌握し、それを通じて中央の支配が各地域に及ぶという関係ではなかった。
⑤ここに、領域内の一元的支配と国司の下級官僚として位置づけられる、評・郡司制が行われなければならない理由があった。
⑥評は国造の管轄した地域（クニ）より全体として小規模であったが、評もまた評司を中心とする首長的秩序の存在する歴史的世界であった。

石母田と吉田は、国造制の内容についての理解は、基本的には共通しているといえよう。石母田は大国造のクニの内部に多くの在地首長層が存在したとし、吉田も国造を頂点とする首長的秩序は重層的なものであり、クニの内部にはのちの評・郡司を中心とする首長的秩序が存在したとするのである。また、石母田が国造の権限はクニ内部のすべての民戸に及んだとするのに対し、吉田はクニ内部のアガタ・ミヤケ・部などは、それぞれ国造を介さずに直接中央との統属関係を持ったとするが、この点も、実態認識としては、それほど大きな違いはないと考えられる。石母田も国造制下における部民制・ミヤケ制独自の支配・収取関係の存在は認めており、吉田も国造の行政権が部・ミヤケに及んだことは否定していないからである。ただし、石母田が稲置のコホリを国造制の構造の一系列とするのに対し、吉田が国造制下における稲置のコホリの普遍的存在を否定している点は、重要な違いである。この違いは、井上光貞と上田正昭の間にみられた違いと同じであり、現在においても未解決の問題といってよい。

2　国造と県主・稲置

県主制をめぐって

県主制については、国造制に先行する制度とみる説と、国造制の成立とともにそのもとに置かれたとみる説に分かれるが、今日においては、前者の説が一般的であるといってよい。

筆者もまたそのように考えてきたが、なお検討の余地は残されていると思う。

国造が全国的に分布する(この点については次章で詳しく述べる)のに対し、県(アガタ)・県主の史料上の分布は、畿内とその周辺地域や九州などに限られている。史料上の「県」にはアガタではなくコホリを指している例も多く、県主制を全国的に存在した制度とみるのは困難である。

また、県主の性格としては、王権に従属した在地の豪族であること、祭祀的性格が強いこと、内廷(大王の家政)に直結し、それに必要な物資や労働力を提供したことなども、一般的に認められているところである。「アガタ」の語義は「大王の御領地」ということであろうから、大王に直属し、「アガタ」を献上し、それをその地で管掌した豪族が県主ということになる。

また、国造制下における県主については、①先行して存在していた県主制の遺制にすぎないとする説、②県主の多くは稲置に転化していったとする説、③大王の家政に直属する独自の存在としてそのまま存続したとする説などに分かれている。①②説をとった場合、県主制は国造制に解消されていったことになるが、③説においても、国造の行政権は県主にも及んでいたとみられている。(3)

稲置をめぐって

稲置については、これまで述べてきたとおり、国造の下に位置する地方官とする説が有力である。しかし一方では、稲置を屯倉（ミヤケ）など王権の直轄地における稲の収取・管理にあたった職とする説も有力である。稲置という名称からすれば、そのような説が唱えられるのは当然であり、のちの史料ではあるが、『釈日本紀』巻十には、稲置を「税長《ぜいちょう》」とする説が引用されている。税長というのは、郡の正倉《しょうそう》とそこに収められた官物《かんもつ》・正税《しょうぜい》の管理にあたった職である。(4) また、稲置の史料上の分布が限られているということも（次頁の表(二)参照）、稲置を国造の下の地方官として普遍的に存在したとする説に対する疑問点になっている。

もちろん、史料上の分布が限られているからといって、実際の稲置の分布も限られていたということにはならない。稲置の具体例のなかには、稲置を姓（セイ）あるいは姓の一部とする例が多いが、実際に稲置の職にあった一族が、のちに必ず稲置の姓を称したとは限らないからである。また、表(二)には、東国の稲置はみえないが、東国にも稲置が存在したことは、「東国国司詔」（第一詔）に、国造・伴造と並んで「県稲置《こおりのいなき》」の名がみえることに明らかで

表（二） 稲置の分布

	稲置名	分布（国名）	出典
(1)	闘鶏稲置	大和	『日本書紀』仁徳天皇六十二年是歳条
(2)	稲城壬生公	山城	『新撰姓氏録』左京皇別下
(3)	須知之稲置	伊賀	『古事記』安寧天皇段
(4)	那婆理之稲置	伊賀	『古事記』安寧天皇段
(5)	三野之稲置	伊賀	『古事記』安寧天皇段
(6)	稲置代首	伊賀	「伊賀国阿拝郡柘殖郷舎宅墾田売買券」天平感宝元年六月二十四日
(7)	稲木	伊勢	「伊勢国大国荘司解案」治暦四年二月二十八日
(8)	田子之稲置	尾張	『日本書紀』景行天皇二十七年十月己酉条
(9)	乳近之稲置	尾張	『日本書紀』景行天皇二十七年十月己酉条
(10)	蒲生稲寸	近江	『古事記』神代、天安河之宇気比段
(11)	稲木	美濃	「御野国本簀郡栗栖太里戸籍」大宝二年
(12)	印伎部	但馬	「奉写一切経所解」天平宝字五年二月二十二日
(13)	漆沼稲置	出雲	「出雲国大税賑給歴名帳」天平十一年
(14)	稲置部	出雲	「出雲国大税賑給歴名帳」天平十一年
(15)	印支部	出雲	「出雲国大税賑給歴名帳」天平十一年
(16)	因支首	讃岐	『日本三代実録』貞観八年十月戊戌条
(17)	葦井之稲置	不明	『古事記』懿徳天皇段
(18)	稲木之別	不明	『古事記』垂仁天皇段

ある。

しかし、稲置の具体例がきわめて少ないということは、やはり注意されなければならないであろう。第一章の1に引用した『隋書』倭国伝の記事や、『日本書紀』成務天皇五年九月条の記事などからすれば、国造―稲置という地方行政組織の存在したことは間違いないと考えられるが、その組織が、『隋書』にいうとおり、一国造のもとに一〇稲置が属すという組織であったならば、稲置の具体例はもっと多く残されていてよさそうなものである。『隋書』の記事には、支配制度が整っていたことを示そうとした大和政権による誇張が反映している可能性の高いことは、第一章の1でも述べたが、国造のもとに置かれた稲置は、実際には一〇よりずっと少なく、しかもそれぞれの国造によりバラバラの数であったと推定されるのである。国造のクニの内部は、そのすべてが稲置の管掌範囲に分割されていたということではなかったと考えられる。

そうであれば、稲置を国造の下の地方官とみる説と、ミヤケの管掌者とみる説は互いに矛盾するのではないという見方もできるであろう。すなわち、国造のクニの内部に設置されたミヤケの管掌者が稲置であり、稲置は、そのミヤケによって管轄される一定の集団に対する地方官としての性格も持った、という見方である。稲置によって管轄される集団はコホリと呼ばれたのであり、「東国国司詔」（第一詔）にみえる「県稲置」（コホリの稲置）は、そのことを示す呼称と考えられる。ミヤケとコホリの関係については、さらに説明が必要であろうが、次に、ミヤケとは何かをみておくことにしたい。

屯倉（ミヤケ）とは

屯倉（ミヤケ）については、かつては大和朝廷の直轄地とみる説がふつうであった。ミヤケを「屯倉」と表記するのは『日本書紀』に一般的であるが、ほかに「官家」「御宅」「三宅」などと表記されることも多い。ミヤケの語義については、ヤ（屋）・クラ（倉）などからなる経営の拠点としての一区画（施設）を意味する「ヤケ」に、尊敬の意を表す（大王との関係を示す）接頭語の「ミ」が付いた語とみられている。したがって、ミヤケというのは、本来は直轄地というより、それを経営する施設を指した語であり、直轄地の施設のほかにも、大和政権に関わる施設は、広くミヤケと呼ばれたことが考えられる。

たとえば、那津官家（福岡県福岡市）・難波《なにわ》屯倉（大阪府大阪市）・児島《こじま》（嶋）屯倉（岡山県倉敷《くらしき》市）など、軍事・外交・交通路上の要地に設置された大和政権の出先機関は、当然、ミヤケと呼ばれたのである。児島屯倉については製塩との関係も考えられており、ほかに鉱山・製鉄などのために設置されたミヤケもあった。

また、「東国国司詔」（第一詔）によれば、国造・伴造（地方伴造）・稲置なども、「官家」（ミヤケ）を領していたことになる。この場合のミヤケは、国造・地方伴造・稲置が政務をとる場所、いいかえれば在地の豪族としてのそれぞれの居宅を指すと考えられる。大化二年（六四六）三月壬午《じんご》条の「皇太子奏」にも、皇太子中大兄皇子（のちの天智《てんじ》天皇）が、「入部《いりべ》」五二四口と、「屯倉」一八一ヶ所を献上すると奏したとあり、各地に設置された部ごとにミヤケの置かれていたことが知られる。これは、「東国国司詔」（第一詔）にいう地方伴造の領した「官家」に相当するミヤケとみてよいであろう。つまり、在地の豪族が国造・伴造・稲置などに任命されると、その居宅（ヤケ）は、大王との関係を持ったということで、ミヤケと呼ばれるようになったと考えられるのである。

一方、だからといって従来いわれてきた直轄地としての屯倉（ミヤケ）が存在しなかったということではない。直轄地としてのミヤケについては、王権が直接開発した畿内地域のミヤケ（開発型ミヤケ）と、国造などの地方豪族が献上した地方のミヤケ（献上型ミヤケ）の二つのタイプに分けて考えるのがふつうである。前者は五世紀以前から存在したとして、それを「前期型ミヤケ」と呼び、後者は六世紀以降に成立したとして、それを「後期型ミヤケ」

と呼ぶこともある。

たしかに、記紀には、第十一代垂仁天皇以降、第十六代仁徳《にんとく》天皇の時代を中心に、畿内地域における王権による池溝開発や屯倉設置記事が数多く載せられているが、近年では、これらの記事は推古朝における事業を遡らせたものであり、直轄地としてのミヤケも六世紀以降に成立したとする説が有力である。しかし、記紀の記述は信頼できないとしても、五世紀以前にも、王権によって開発された田地（前期型ミヤケ）は存在したとみてよいであろう。筆者は、稲置という呼称は、その開発地における稲の収取・管理にあたった職名に遡るのではないかと考えている。ただ、王統が固定化されていない段階では、その開発地は王家の直轄地として継承されなかったのである。王統が一つの血統に固定化され、王家なるものが成立したのは、六世紀中頃の欽明・敏達朝の段階であった（結果として継体朝まで遡る）と考えられるのであり[5]、直轄地としてのミヤケ（後期型ミヤケ）もそれ以降に成立したと考えられる。

ミヤケの内容

六世紀以降の屯倉（後期型ミヤケ）の内容については、欽明紀にみえる吉備《きび》の白猪《しらい》屯倉についての一連の記事が参考になる。欽明十六年（五五五）七月壬午条には、蘇我稲目《いなめ》らを遣わして吉備の「五郡」（五コホリ）に白猪屯倉を置いたという記事がみえ、同十七年七月己《き》卯《ぼう》条には、再び蘇我稲目らを「備前児嶋《びぜんこじま》郡」に遣わして屯倉（児嶋屯倉）を設置し、葛城山《かずらきのやま》田直瑞子《だのあたいみつこ》を田令《たつかい》《でんりょう》に任じたとある。そして、同三十年正月朔条・同四月条によれば、白猪屯倉の田部《たべ》の籍を検定するため、王辰爾《おうしんに》（船《ふね》氏の祖）の甥である胆津《いつ》が吉備に派遣され、命令のとおり田部の籍を定めた胆津は、その功により白猪史《しらいのふひと》の氏姓を賜り、田令の副（正は瑞子）に任じられたというのである。

これらの記事によれば、屯倉（ミヤケ）の耕作にあたったのは田部と呼ばれた部であり、田部は籍によって把握されていたことになる。ただし、この籍は、律令制下の戸籍のような、戸ごとにその成員のすべてを登録した戸籍とは異なり、「丁籍」と記されるとおり、田部の名のみを書きあげた程度の籍と考えられる。また、ミヤケの設置は、中央から有力者（ここでは蘇我稲目）が派遣されて行われ、その経営には田令が派遣されたことも知られる。このような経営形態は、一部の先進的ミヤケにおいて行われたとされるのが一般的であるが、六世紀以降に設置された地方のミヤケにおいては、このような形態は広く存在したとみてよいと思う。大化二年（六四六）三月辛巳《しんし》条の「東国国司詔」（第三詔）によれば、田部は東国にも設置されていたことが明らかである。

ここで問題となるのは、児嶋（島）屯倉と白猪屯倉との関係である。両者を同一のミヤケとみる説もあるが、白猪屯倉は吉備の「五郡」に置かれ、児嶋屯倉は「備前児嶋郡」に置かれたというのであるから、別のミヤケとみるべきであろう。「白猪屯倉」というのは、白猪史のウヂ名による呼び名であるから、一ヶ所に設置された屯倉と解する必要はなく、吉備の五ヶ所に設置された五つのミヤケの総称と考えられる。そして、児嶋屯倉の田令に葛城山田直瑞子が任じられ、白猪屯倉の田部の籍を定めた白猪胆津が、その田令の副に任じられたというのであるから、児嶋屯倉は五ヶ所に設置された白猪屯倉を統轄したミヤケであり、正副田令である瑞子と胆津は、児嶋屯倉の田令であるとともに、それが統轄する五つのミヤケの田令でもあったと解するのがもっとも妥当な解釈であろう(6)。

正副田令は中央からの派遣官であるが、現地には、児嶋ミヤケ—五ミヤケという組織が形成されたのであり、その組織に対応する現地管掌者が、国造—稲置であったと考えられる。ミヤケの経営には、現地の豪族の協力が必要不可欠であり、稲置は、個々のミヤケの稲の収取・管理にあたり、それを国造が統轄したと考えられるのである。

なお、ミヤケの現地管掌者の呼称としては、「屯倉首《みやけのおびと》」という呼称も存在していた。清寧紀二年十一月条や顕宗即位前紀には、「縮見《しじみ》屯倉首」の名がみえ、『新撰姓氏録《しんせんしょうじろく》』の河内国皇別、大戸首《おおとのおびと》条によれば、大戸首氏は、河内国日下《くさか》の大戸村に御宅（ミヤケ）を立てて奉仕したことにより、大戸首の姓を賜ったとある。屯倉首と稲置の関係については、両者とも同一の職を指す呼称と考えてよいと思う。屯倉首というのは、ミヤケの管理責任者・代表者という面からの呼称、稲置というのは、ミヤケの稲の収取に関わる官人という面からの呼称、と考えられるのである。

また、「屯倉」と似た語に、畿内に分布した「屯田《みた》」がある。「屯田」については、「屯田司《みたのつかさ》」が派遣されて経営されるのちの令制官田《かんでん》（大宝令では屯田《とんでん》）につながる大王供御田《くごでん》としての「屯田」と、外廷官司が直接経営にあたる「官司処々の屯田」（孝徳紀大化二年三月辛巳条）とがあり、いずれも田部は設置されずに、付近の農民の傜役労働によって耕作されたとする説が妥当であろう。(7) こうした畿内の「屯田」についても、現地管掌者としての役割は、国造―稲置が果たしたとみてよいであろう。

ミヤケとコホリ

右にみた欽明紀の記事においては、白猪屯倉を吉備の「五郡」に置き、「備前児嶋郡」に児嶋屯倉を置いたとあるように、ミヤケを設置した場所が「郡」（コホリ）と表記されていることも注意される。「コホリ」が「郡」という漢字で表記されるようになるのは、大宝令制定（七〇一年）後のことであり、それ以前は「評」という漢字が用いられていたが、右の欽明紀の原資料に「評」とあったか否かは不明である。ただ、ミヤケとコホリの関係性は推定されてよいであろう。筆者は、このような後期型ミヤケこそ、稲置が管掌したコホリにほかならないと考えている。ミヤケの具体例のなかには、律令制下の郡名（コホリの名）を帯びる例も少なからず存在するのであり、この点も参考になるであろう。

日本における「コホリ」の呼称は、渡来人集団を指す呼称として使用され始めたと考えられており[8]、ミヤケに属した田部の人間集団を指してもコホリと称したとする説[9]は、十分な説得力を持つといえよう。また、その田部が、「丁籍」によって把握されて「田戸」となったとあるのは（欽明三十年〔五六九〕四月条）、日本における「戸」の源流が渡来人集団に求められるという説[10]を想起させるものであり、籍によって把握された集団という共通性からも、田部の人間集団がコホリと呼ばれた可能性は高いと考えられる。

稲置は、田部によって耕作されるミヤケの現地管掌者であるとともに、籍によって把握された田部の人間集団（コホリ）を管理する職として、国造の下に置かれたと考えられるのである。『隋書』倭国伝に、「伊尼翼（冀）」（稲置）が「八十戸」ごとに置かれたとあることも、改めて注意されなければならない。「八十戸」は実数ではないであろうが、稲置は「戸」を管掌する職とされているのである。

ミヤケの耕作にあたった田部も部（部民）の一種であるが、次に、国造制と部民制との関係について、取り上げることにしたい。

3　国造制と部民制

部民制とは

部民制（部制）は、大和政権の職務分掌の制度であるとともに、国造制と並ぶ地方支配の制度でもあった。

古代の史料には、額田部《ぬかたべ》・白髪部《しらかべ》・土師部・馬飼部・蘇我部《そがべ》・巨勢部《こせべ》など、「某部」の呼称が数多くみえる。これらの部は、それぞれ何らかの役割を持って大王に奉仕することを義務づけられた集団である。また記紀には、御名代《みなしろ》・子代《こしろ》・品部《しなべ》・部曲《かきべ》など、部に関わる用語もみえており、それらの語をどのように解釈するかは、部民制を考えるうえで重要な問題になっている。

今日もっとも一般的な解釈は、品部は土師部・馬飼部など職名を帯びる部（いわゆる職業部）で、土師連《はじのむらじ》・馬飼造《うまかいのみやつこ》などの伴造に率いられて朝廷に奉仕した集団、御名代・子代は額田部・白髪部など王・王族名や宮名を帯びた部で、やはり伴造に率いられて王族・王宮に奉仕した集団、部曲は蘇我部・巨勢部など豪族名（ウヂ名）を帯びる部で、それぞれの豪族が領有した集団、とする解釈であろう。しかし、反対意見も多く、なかでも有力なのは、品部は御名代・子代なども含んだ部の総称であるとする説、子代は御名代とは異なり各ウヂが領有した部であるとする説、部曲は部民化されていない諸豪族の領有民を指すとする説などである。

孝徳紀大化二年（六四六）八月癸酉条の「品部廃止詔」には、「王の名名《みなみな》に始めて、臣《おみ》・連《むらじ》・伴造《とものみやつこ》・国造《くにのみやつこ》、其の品部を分ちて、彼《そ》の名名《なな》に別《わ》く。復《また》、其の民と品部とを以て、交雑《まじ》りて国県に居《は》らしむ……今の御寓《あめのしたしらす》天皇より始めて、臣・連等に及《いた》るまでに、所有《たもて》る品部は、悉《ことごとく》に皆罷《や》めて、国家《おおやけ》の民とすべし」とあり、この記事からすれば、品部はすべての部を指すとみるのがよいであろう。(11) また、大伴部《おおともべ》・物部《もののべ》・中臣部《なかとみべ》などの部は、一般的解釈に従えば大伴氏・物部氏・中臣氏の部曲ということになるのであろうが、これらは軍事・警察・祭祀などを職掌とする職名を帯びる部でもあり、そもそも職名を帯びる部の場合は、職名による呼称なのか、その職名をウヂ名とするウヂの名による呼称なのか、判断がつかないのである。大伴部・物部・中臣部などは、蘇我部・巨勢部なども含め、部曲ではなく、部（品部）の一種とみるべきであろう。

とするならば、部曲は、部ではないウヂの私的領有民を指すとする説が妥当ということになる。「東国国司詔」（第一詔）では、すべての人々を指して「国家所有公民」と「大小所領人衆」に分けて呼んでいるが、前者が部（品部）、後者が部曲を指していると考えられるのである。また、大化二年正月朔条の「改新詔《かいしんのみことのり》」には、「臣・連・伴造・国造・村首《むらのおびと》の所有る《たもてる》部曲の民、処々の田荘を罷《や》めよ」とあり、国造や村首も部曲を所有しているというのである。このことからも、部曲は部民化されていない諸豪族の領有民と解するのが妥当と考えられる。(12)

トモとベと伴造

部の構成については、朝廷に出仕し何らかの職務に従事した人々であるトモと、そのトモを出仕させ、それを資養する（トモの中央での生活を経済的に支える）義務を負わされた在地の集団であるべとの、二つに分けて捉える説が一般的である。部は、全国各地に設置されたのであり、各地から出仕してきたトモを率いたのが中央の伴造である。また中央の伴造のなかには、各地からの貢納物を取りまとめることを職務とした伴造もあった。そして、各地のベ集団を現地で統率したのが地方の伴造である。土師連・馬飼造のような「職名＋カバネ」の呼称は、これらの伴造に対して与えられた呼称であり、蘇我臣・巨勢臣のような「地名＋カバネ」の呼称も、その地名を帯びた部が設置された場合は、やはり伴造としての性格を持っていたとみてよい。

部をトモとベに分けて捉える説に対しては、ベはトモを「部」と表記した（「部」という呼称を導入した）ことによって生じた新しい読みにすぎないのであるから、二つに分けて理解するのは正しくないとの指摘もある。たしかに部には、トモを出仕させずに貢納の義務のみを負わされた集団もあり、史料上の「部」は、中央に出仕し勤務する人々と、在地の集団とを区別せずに指した語と考えられる。しかし、「部」がこの二つの実体からなっていたことは否定できないであろう。

また、「部」という呼称の導入は、単に従来からのトモを部と呼ぶようになったという名称の問題にとどまるものではなかった。従来のトモというのは、稲荷山鉄剣銘や江田船山大刀銘にみえる杖刀人・典曹人がそれにあたるが、それは、豪族であるヲワケやムリテ自身がトモとして組織されたのであり、その配下の集団までが杖刀人・典曹人に組織されたということではなかった。前章の2でも述べたように、江田船山大刀銘においてムリテは、自身の「統ぶる所」を失わないという願いを述べており、王権は、ムリテの統治内部にまでは及んでいなかったことが推定できる。それに対して、部の設置は、新しいトモを拡大するという面もあったであろうが、従来のトモ（豪族）の配下の集団をも部とすることによって、王権による支配を豪族の統治内部にまで及ぼそうとしたものであった。

部民制の成立

「部」の呼称は、百済の部司制度（穀部《こくぶ》・肉部《にくぶ》・馬部《めぶ》などの一二の中央官と、司軍部《しぐんぶ》・司徒部《しとぶ》などの一〇の地方官からなる行政制度）にならって導入された呼称とみられている。百済の部司制度は五世紀後半には成立していたと推定されるが、ワカタケル大王の時代には、大王に仕えるトモは、杖刀人・典曹人などと呼ばれていたのであり、いまだ部の呼称は導入されていなかった。また、「杖刀人」「典曹人」という呼称からすると、当時の職務分掌組織は、簡素な原初的な組織であったと推定されるのであり、多くの「某部」からなる部民制とは、明らかに異なる段階にあった。

一方、欽明天皇以降の王族には、石上部《いそのかみべ》・穴穂部《あなほべ》・泊瀬部《はつせべ》・額田部などの部名を帯びた皇子女名が多く現れるのであり、六世紀中頃の欽明朝には、種々の「某部」からなる部民制が成立していたと考えられる。また、継体紀九年（五一五）二月丁丑《ていちゅう》条の分注に、『百済本記《くだらほんき》』に曰くとして、「物部至々連《ちちのむらじ》」の名がみえることも注意される。『百済本記』は、百済滅亡後に日本に亡命してきた百済人によって編纂されたと推定される歴史書であり、『日本書紀』（継体紀・欽明紀）に引用される形でのみ残されているが、記事内容の信憑性は高いとみられている。「部」の呼称は、六世紀はじめの継体朝において導入されたと考えるのが妥当であろう。

そして、六世紀後半の築造と推定される島根県松江《まつえ》市の岡田山《おかだやま》一号墳（墳丘全長約二四メートルの前方後方墳）出土の大刀銘には、「額田部臣」の名が記されており、この頃には、地方に部を設置することも行われていたことが明らかである。「額田部臣」は、この地方（出雲《いずも》地方）に設置された額田部の地方伴造の職を指す呼称であり、おそらく岡田山一号墳の被葬者が、その地方伴造に任じられていたのであろう。額田部に設定されたのは、岡田山一号墳の被葬者の支配下にあった集団（おそらくその一部）と考えられるのであり、部民制の施行により、大和政権の支配は、間接的にせよ地方豪族の配下の集団にも及ぶようになったのである。

国造と部

国造と部の関係を直接に示す史料は多くはないが、允恭《いんぎょう》紀十一年三月丙午《へいご》条には、大伴《おおともの》室屋《むろや》が允恭天皇の命を受け、妃の衣通郎姫《そとおしのいらつめ》のために、諸国の国造に科して藤原部《ふじはらべ》を定めたという記事がみえる。允恭天皇の時代（五世紀中頃）における国造の存在や、藤原部（御名代の一つ）の設置を事実とみることはできないが、部が国造の手を通して設置されたということ自体は、事実と考えてよいであろう。

また、雄略紀二年十月丙子条には、皇太后（忍坂大中姫《おしさかのおおなかつひめ》）が宍膾《なます》を作る名人である膳臣長野《かしわでのおみながの》、さらに自身の料理人であった菟田御戸部《うだのみとべ》・真鋒田高天《まさきだのたかま》を天皇に貢上して宍人部《ししひとべ》としたのを受けて、大倭国造吾子籠《あごこ》が狭穂子鳥別《さほのことりわけ》を貢上し、続いて臣連伴造国造らもそれぞれ宍人部を貢上したという記事がみえる。この記事も、そのまま事実の伝えとは考え難く、しかもここにいう宍人部は、トモを指した表現であり、在地の部（べ）集団を指しているのではないが、この記事からも、国造が部の設置に関わっていたことは窺えるであろう。

ほかにも、応神紀五年八月壬寅《じんいん》条に、「諸国に令《のりごと》して、海人《あま》及び山守部《やまもりべ》を定む」とあり、清寧紀二年二月条に、「大伴室屋大連を諸国に遣はして、白髪部舎人《とねり》、白髪部膳夫《かしわで》、白髪部靫負《ゆげい》を置く」、安閑紀二年八月条に、「詔して国々に犬養部《いぬかいべ》を置く」とあるように、「諸国」に命じて（あるいは「国」を単位に）部の設置されたことを示す記事がみえる。これらの記事にいう「国」「諸国」は、国造のクニを指すとみてよいであろうから、これらの記事も、各地の部が国造を通して設置されたことを示しているといえよう。

国造のクニ内部には、さまざまな部が設置されたと考えられるのであるが、その場合、在地における一豪族としての国造が直接支配している集団の一部が部に設定され、国造の一族の人物が地方伴造に任じられるというケースはあったであろう。ただ多くは、クニ内部のほかの豪族の配下の集団が部に設定され、その豪族が地方伴造に任じられるというケースであったと推定される。そしてそのようなケースにおいても、部に設定されたのは、その豪族の配下の集団のすべてではなく、一部であったことが一般的であったと考えられる。先に述べたとおり、各地の豪族は、部民化されていない部曲も領有していたからである。

また、部の設置が国造の手を通して行われたのであれば、国造の行政権は、当然クニ内部の部にも及んでいたとみてよいであろう。ただし、国造がクニ内部のすべての部を統轄し、各種の部の負担を一括して中央へ貢進したということではなく、部は、それぞれに地方伴造の管掌下に置かれ、さらに中央の伴造に統轄されたのである。

国造のクニの内部には、稲置の管掌するコホリ（田部の人間集団）もあれば、地方伴造の管掌する各種の部もあり、在地豪族としての稲置や地方伴造の配下には、コホリや部に設定されていない領有民（部曲）も存在していた。さらに、クニ内部には、稲置や地方伴造に任じられていない豪族層（「改新詔」にいう村首はその例であろう）も多く存在したと考えられるのである。

石母田正や吉田晶が説いたとおり、国造のクニの内部が統一された組織に分割されていなかったがゆえに、「大化改新」において、新しい地方支配制度としての評（コホリ）制を施行する必要があったのである。評制は、部民制を廃止するとともに、国造のクニの内部をすべて評（コホリ）という統一した組織に分割する制度であった。その評は、稲置のコホリ（「籍」によって集団を掌握する）をモデルとしたものと考えられるであろう。

第三章　国造の分布と国造の「氏姓」

1　「国造本紀」の国造

「国造本紀」とは

『先代旧事本紀』巻十の「国造本紀」は、国造の具体例をもっとも多く伝える史料である。したがって、国造の分布について考えるにあたっては、まず「国造本紀」を検討する必要がある。

『先代旧事本紀』については、推古天皇二十八年（六二〇）に聖徳太子・蘇我馬子らが勅を奉じて編纂したという序が付されているが、これは仮託であり、実際は、平安時代前期に物部氏系の人物によって、『古事記』『日本書紀』『古語拾遺《こごしゅうい》』（斎部広成《いんべのひろなり》により著された歴史書。八〇七年成立）などの記事を寄せ集めて編纂されたものと考えられている。(1)ただし、独自の資料に基づいたとみられる部分もあり、とくに「国造本紀」については、拠《よ》るべき原資料が存在したとみられている。(2)

「国造本紀」には、全国各地の「某国造」が畿内七道順に掲げられており、それぞれの国造の条には、国造名・国造設置時期・初代国造の系譜が記されている。各国造条は、全部で一三五を数えるが、そのなかには、国造ではなく国司とある例が和泉《いずみ》国司・摂津《せっつ》国司・出羽《でわ》国司・丹後《たんご》国司の四例存在し、それらの条には、いずれも国の設置のことのみが記されている。また、美作《みまさか》国造の場合も、国造とはあるが、その条文は美作国の設置を記すのみであり、ほかの例からすると、美作国司とあるべきところである。一三五からこれらの五例を差し引くと、「国造本紀」には一三〇の国造（伊吉嶋造・津嶋県直《つしまのあがたのあたい》・多褹嶋《たねしま》を含む）が掲げられていることになる。また、独立した条は欠いているが、火《ひ》国造条に大分《おおきた》国造の名がみえる。

「国造本紀」の国造名や初代国造の系譜は、記紀などのほかの史料にはみえない独自の記述が多く、その具体的な内容からも、何らかの原資料に基づくことは間違いないと考えられる。しかし、それだからといって、「国造本紀」の国造のすべてを、実在した国造とみるわけにはいかない。原資料の史料性が問われなければならないからである。
この問題を考えるに先立って、史料上の「国造」の語義・用法についてみておくことにしたい。

「国造」の語義・用法

史料上の「国造」の語に多様な意味のあることは、これまでもしばしば指摘されてきたところである。(3)筆者は、次の五通りに分けられると考えている。

(ア)大和政権の地方官としての国造
(イ)(ア)の国造を出している（あるいは出していた）一族全体の呼称
(ウ)律令制下の国造
(エ)姓《せい》としての国造（国造姓《こくぞうせい》）
(オ)大宝《たいほう》二年（七〇二）に定められた国造氏《こくぞうし》

(ア)は、国造の原義であり、第一章の1で検討した記紀の国造関係記事にみえる「国造」はこの例である。

(イ)は、(ア)から派生した用法であり、その用例としては、『日本書紀』の系譜記事の「国造」があげられる。たとえば、神代第七段の一書第三には「天穂日命《あめのほひ》、此出雲臣・武蔵国造・土師連等が遠祖なり。次に天津彦根命《あまつひこね》、此茨城国造・額田部連等が遠祖なり」とあり、孝元天皇七年二月丁卯《ていぼう》条には「大彦命は、是阿倍臣、膳臣、阿閉臣、狭狭城山君《さささきやま》、筑紫国造、越国造、伊賀臣、凡て七族の始祖なり」とある。これらの「某国造」は、系譜記事という性格からして、また「凡て七族の始祖なり」とあることからして、(イ)の一族全体を指す呼称であることは明らかであろう。

なお、『古事記』の系譜記事の「某国造」については、後述のとおり、実際には(ア)の国造を出していなかったと考えられる例を含んでおり、(オ)の国造氏である可能性が高い。『古事記』の系譜記事は、『日本書紀』の系譜記事に比べて圧倒的に多くの「某国造」を載せており(『古事記』には二三例、『日本書紀』には七例)、『日本書紀』の系譜記事に「出雲臣」「凡川内直《おおしがわち》」「山代直《やましろ》」「倭直《やまと》」とあるのを、「出雲国造」「凡川内国造」「山代国造」「倭国造」と記している例もある。『古事記』の系譜記事の「某国造」と、『日本書紀』の系譜記事の「某国造」とでは、その用法の異なっていることが推定されるのである。

(ウ)の用例としては、『続日本紀』などにしばしばみえる国造の任命・叙位記事の「某国造」があげられる。たとえば、『続日本紀』天平《てんぴょう》十年（七三八）二月丁巳《ていし》条に「出雲国造外正六位上出雲臣広嶋《ひろしま》に外従五位下」とある「出雲国造」、『同』神護景雲《じんごけいうん》二年（七六八）二月戊寅《ぼいん》条に「従五位下勲六等漆部《ぬりべ》直伊波《いは》に姓を相模宿禰と賜ひて、相模《さがみ》国国造とす」とある「相模国国造」などがその例である。これらの国造を制度的存在とみるか（「新国造制」の存在を認めるか）、特殊な例とみるかで意見は分かれるが、律令制下においても、官職としての国造が存在したことは確かである。

(エ)の用例としては、『続日本紀』天平五年（七三三）六月丁酉《ていゆう》条に「多褹嶋熊毛《くまげ》郡大領外従七位下安志託《あした》ら十一人に多褹後《たねしり》国造の姓を賜ふ」とある「多褹後国造」、『日本三代実録《にほんさんだいじつろく》』貞観四年（八六二）七月丁丑条に「安芸《あき》国高宮《たかみや》郡大領外正八位下三使部直《みつかいべのあたい》弟継《おとつぐ》、少領外従八位上三使部直勝雄《かつお》ら十八人、本姓の仲県《なかつあがた》国造に復す」とある「仲県国造」などがあげられる。

(オ)は、『続日本紀』大宝二年（七〇二）四月庚戌《こうじゅつ》条に「詔して、諸国の国造の氏を定めたまふ。その名、国造記《こくぞうき》に具《つぶ》さなり」とあるところの「国造の氏」（国造氏）である。「国造」の語が国造氏を指す場合のあったことは、右の記事で、「国造の氏」を登録したものを「国造記」としていることにも示されている。国造氏については、「新国造」に任命される氏を定めたものとする説[4]と、選叙令郡司条において郡領（郡司の長官・次官）への優先任用が規定された「国造」の氏を定めたものとする説[5]がある。筆者は後者を妥当と考えているが、この問題については第五章の1で改めて取り上げることにしたい。

ここで注意したい点は、国造氏は必ずしも(イ)の国造（(ア)の国造を出していた一族）と一致しないという点である。大宝二年における国造氏の認定というのは、律令国家の対氏族政策の一環として、当時在地において現実に支配力と権威を持っていた豪族を国造氏に定め、地方豪族の編成をはかったという面もあったと考えられるからである[6]。つまり、実際には、(ア)の国造を出していなかった一族でも国造氏に認定された例や、逆に、(ア)の国造を出していた一族であっても大宝二年当時に没落していたため国造氏には認定されなかった、という例もあったと推定されるのである。もちろん、原則としては、実際に(ア)の国造を出していた一族が国造氏に認定されたと考えられるが、国造氏と(イ)の国造をイコールでは結べないということである。

「国造本紀」の各国造条には、まずその国造の設置時期が記され、ついで初代国造の系譜（出自）とその名が記され、最後に「国造に定め賜ふ」とあるのが通例である。その設置時期は、「志賀高穴穂朝《しがたかあなほ》」（成務朝）とする例がもっとも多く、一番新しい例は「磐余玉穂朝」（継体朝）である。このような書き方や内容からからすれば、「国造本紀」の「国造」が、(ア)の国造（大和政権の地方官としての国造）として掲げられていることは明らかであろう。

しかし、このことは、「国造本紀」の原資料の「国造」も(ア)の国造であったことを示すものではない。「国造本紀」には、山城国造と山背国造、无邪志《むさし》国造と胸刺《むさし》国造、加我《かが》国造と加宜《かが》国造という、同名（同音）の「国造」を掲げる例が三例存在する。

(1)山城国造　橿原《かしはら》朝の御世に、阿多振命《あたふる》を山城国造と為す。
　山背国造　志賀高穴穂朝の御世に、曽能振命《そのふる》を以て、国造に定め賜ふ。
(2)无邪志国造　志賀高穴穂朝の世に、出雲臣の祖、名は二井之宇迦諸忍之神狭命《ふたいのうかもろおしのかんさ》の十世の孫、兄多毛比命《えたもひ》を国造に定め賜ふ。
　胸刺国造　岐閇《きへ》国造の祖、兄多毛比命《えたもひ》の児、伊狭知直《いさち》を国造に定め賜ふ。
(3)加我国造　泊瀬朝倉朝《はつせのあさくら》の御代に、三尾君の祖、石撞別命《いわつくわけ》の四世の孫、大兄彦君《おおえひこ》を国造に定め賜ふ。

加宜国造　難波《なにわ》高津《たかつ》朝の御世に、能登《のと》国造と同じき祖、素都乃奈美留《すつのなみる》命を国造に定め賜ふ。

これらの三例については、重複とみなされることが多いが、重複とみた場合は、各「国造」の条文が、それぞれ独自の内容を持っていることの説明がつかない。また、これらの「国造」を(ア)の国造とみるならば、同名（同音）の国造が隣接して存在したことになり、実際に国造制下においてそのようなことがあったのかという疑問が生ずる。ヤマシロ・ムサシ・カガのそれぞれの地域において、それを二分するようなクニの二国造が存在したならば、それは、同じ「国造本紀」において、「三野前《みのくち》国造」と「三野後《みのしり》国造」が掲げられているように、区別した名で記されたものと考えられる。

とするならば、これらの「国造」は、(オ)の国造氏とみるのが妥当ということになるであろう。つまり、国造制下において現実に存在した国造は、ヤマシロ国造・ムサシ国造・カガ国造それぞれ一国造ずつであったが、それぞれの国造氏に認定されたのは二氏ずつ存在し、それが「国造本紀」に掲げられているということである。実際には国造を出していなかった一族でも、国造氏に認定される場合があったと考えられることは、先に述べたとおりである。「国造本紀」の原資料が、国造氏を登録した「国造記」に求められるということは、これまでも指摘されてきたところであるが、「国造本紀」の「国造」が国造氏と考えられるならば、その可能性はさらに高くなったといえよう。

また、大宝二年に国造氏に認定された一族は、原則として(ア)の国造を出していた一族（(イ)の国造）と考えられることも、先に述べたとおりである。したがって、「国造本紀」の国造の多くは、実在した国造と考えてよいということになる。実際に、「国造本紀」の国造には、記紀などのほかの史料から、(ア)の国造としての存在が確かめられる例が多いのである。[7]「国造本紀」の「国造」は、九州から東北地方南部にまで及んでおり、国造制は全国的に施行された地方支配制度であったとみてよいであろう。

東北地方南部の国造

ただし、東北地方南部の国造については、実在した国造（(ア)の国造）とみることに疑問が持たれる。「国造本紀」に掲げられる東北地方南部の国造は、道奥菊多《みちのくのきくた》・道口岐閇《みちくちのきへ》・阿尺《あさか》・思（曰利《わたり》ヵ）・伊久《いぐ》・染羽《しめは》・浮田《うた》・信夫《しのぶ》・白河《しらかわ》・石背《いわぜ》・石城《いわき》の一一国造であるが、これらの国造は、ほかの史料から、(ア)の国造としての存在を確かめることができない。

ただ、道口岐閇国造については、『古事記』神代、天安河《あめのやすかわ》之《の》宇気比《うけひ》段の系譜記事にみえる道尻岐閇《みちしりのきへ》国造と同一である可能性が高い。道尻岐閇国造は天津日子根《あまつひこね》命（天津彦根命）を祖としており、「国造本紀」の道口岐閇国造も、その条に「軽嶋豊明《かるしまのとよあきら》の御世に、建許呂《たけころ》命の児、宇佐比《うさひ》乃（刀《と》ヵ）禰《ね》を国造に定め賜ふ」とあって、同系の系譜を伝えている。建許呂命は、「国造本紀」の師長《しなが》国造条・須恵《すえ》国造条・馬来田《まくた》国造条に「茨城国造の祖」とみえ、『古事記』の系譜記事には、茨木《うばらき》（茨城）国造も道尻岐閇国造と同じく天津彦根を祖としている。また『新撰姓氏録』は、建許呂命（達己呂《たつころ》命）を天津彦根命の十二世孫、あるいは十四世孫と伝えている。

道口岐閇国造の本拠地については、のちの常陸国多珂郡道口《みちくち》郷を中心とする地域に比定されることが多いが、道尻岐閇国造と同一であれば「岐閇」の地を本拠地とみなければならない。すなわち、「岐閇」を木戸と解して、現在の木戸《きど》川流域（福島県双葉《ふたば》郡楢葉町《ならはまち》付近）に比定するのが妥当と考えられる。「岐閇」の地（木戸川流域）は、ちょうど東海道からすれば道尻、陸奥からすれば道口にあたる地域である。しかし、このことは、道口岐閇国造＝道尻岐閇国造が(ア)の国造として実在したということではない。

道口岐閇国造関係の地図

また、石城国造については、『古事記』神武天皇段の系譜記事にみえる道奥石城国造との関係が問題になる。道奥石城国造は、神《かむ》八《や》井《い》耳《みみ》命（神武の子）を祖とするが、「国造本紀」の石城国造は、その条文に「志賀高穴穂朝の御世に、建許呂命を以て国造に定め賜ふ」とあり、系譜を異にしている（建許呂命は右にみたとおり天津彦根命の子孫とされる）。石城国造と道奥石城国造は、別の一族とみるべきであろう。そしてそれらは、先にみた山城国造と山背国造、无邪志国造と胸刺国造、加我国造と加宜国造の場合と同様、それぞれが国造氏に認定された一族とみるのが妥当と考えられる。石城国造氏・道奥石城国造氏の本拠地がどこであったかは不明であるが、いずれものちの陸奥国石城郡内の地であったことは間違いないであろう。

そして、これらの道口岐閇国造氏・石城国造氏の本拠地は、道奥菊多国造氏の本拠地（のちの陸奥国菊多郡）も含めて、いずれも『常陸国風土記』の多珂国造のクニの内部に存在するのである。菊多郡は、養老《ようろう》二年（七一八）に常陸国多珂郡の一部を割いて建てられ、同時に新設された石城国に編入されたが、まもなく石城国は廃されて、陸奥国に併合されている。

『常陸国風土記』多珂郡条の冒頭記事（第一章の3に引用）によれば、成務天皇の時代に多珂国造に任じられた建御狭日命は、「久慈の境の助河」（現在の日立《ひたち》市助川《すけかわ》を遺称地とする）から「陸奥の石城の郡の苦麻の村」（現在の福島県双葉郡大熊町熊《おおくままちくま》を遺称地とする）まで（のちの常陸国多珂郡と陸奥国菊多郡・石城郡を合わせた範囲）を多珂国造のクニと定めたとあり、続く建郡（評）記事にも、孝徳天皇の癸丑《きちゅう》年（白雉《はくち》四年〔六五三〕）に、多珂国造のクニを二分して多珂・石城二郡（評）を置いたとある。「国造本紀」の道口岐閇国造氏・石城国造氏・道奥菊多国造氏を、(ア)の国造を出していた一族とするならば、それらの国造のクニは、いずれも『常陸国風土記』の多珂国造のクニの内部に存在したことになるが、実際に、そのようなことがあったとは考えられない。

この点について、道口岐閇国造・石城国造・道奥菊多国造らは、かつては実在した国造であったが、多珂・石城二郡（評）分置以前に多珂国造のもとに吸収合併されていたとする解釈もある。(8) しかし、『常陸国風土記』によれば、多珂国造のクニは、はじめからのちの常陸国多珂郡と陸奥国菊多郡・石城郡を合わせた範囲であったとされており、その可能性は少ないであろう。また、「大国造」のもとに「小国造」が編成されていたとする石母田正の「大・小国造制論」に従って、多珂国造を「大国造」、道口岐閇国造・石城国造・道奥菊多国造らを「小国造」とする解釈もあるかもしれない。しかし、第二章の1に述べたとおり、石母田の「大・小国造制論」には従うことができない。

道口岐閇国造氏・石城国造氏・道奥菊多国造氏らは、やはり、実際には(ア)の国造を出してはいなかったとみるべきであり、それらの国造氏よりさらに北に本拠地を持つ阿尺・思（曰利）・伊久・染羽・浮田・信夫・白河・石背らの各国造氏についても、同様に考えるのが妥当であろう。筆者は、国造制は東北地方南部にまでは及んでいなかったと考えている。

「国造本紀」にみえない国造

今日に伝えられている史料上の「某国造」のなかには、「国造本紀」にみえない国造も存在する。

(1)闘鶏国造

『日本書紀』允恭天皇二年二月己酉条には、允恭の皇后の忍坂大中姫が、皇后になる以前に闘鶏《つげ》国造から無礼なふるまいを受けたため、皇后になったのちに、闘鶏国造の姓を貶《おと》して稲置とした、という記事がみえる。この記事は、国造と稲置が上下関係にあったことを示す記事として興味深いが、この物語的記事から、闘鶏国造の実在が確かめられるわけではない。ただし、『古事記』神武天皇段の系譜記事には、神八井耳命を祖とする氏の一つに都祁《つげ》直がみえており、国造は直のカバネを持つのが一般的であるから(この点については次節で述べる)、国造制下の国造(ア)の国造)として、闘鶏国造(都祁国造)が実在した可能性は否定できない。闘鶏国造が実在したならば、そのクニは、のちの大和国山辺《やまのべ》郡都介《つげ》郷を中心とした地域と推定され、倭(大倭)国造のクニに隣接して、その東側に存在したことになる。

(2)都下国造

『延喜式《えんぎしき》』巻三、臨時祭座摩巫《いかすりのかんなぎ》条には、「凡《およ》そ座摩巫は、都下《つげ》国造氏の童女七歳已《い》上《じょう》の者を取りて充てよ」とあり、都下国造氏の名がみえる。都下国造氏が存在したということは、国造制下の国造（ア）の国造）としても、都下国造が実在した可能性が高いということであり、前項の闘鶏国造も実在した国造であったならば、両者は同じ国造を指すとみてよいであろう。

(3)長狭国造

『古事記』神武天皇段の系譜記事に、神八井耳命を祖とする氏として、先の道奥石城国造・都祁直らとともに長狭《ながさ》国造の名がみえる。ここにいう長狭国造は国造氏と考えられ、国造制下においても長狭国造が存在した可能性は高い。その場合、長狭国造のクニは、のちの安房《あわ》国長狭《ながさ》郡の地域に比定されるであろう。

(4)近淡海国造

『古事記』孝昭《こうしょう》天皇段の系譜記事に、天押帯日子《あめおしたらしひこ》命（孝昭の子）を祖とする氏の一つとして近淡海《ちかつおうみ》国造の名がみえる。「国造本紀」には、近江地方の国造として淡海国造を掲げるが、その条文には「志賀高穴穂朝の御世に、彦坐《ひこいます》王の三世の孫、大陀牟《おおたむ》夜別《やわけ》を国造に定め賜ふ」とあって、両者は系譜を異にする。「国造本紀」の淡海国造と同系の系譜を称するのは、次項の近淡海之安《やす》国造である。

(5)近淡海之安国造

『古事記』景行天皇段に、倭建命が近淡海之安国造の祖の意富多牟和気《おおたむわけ》の娘の布多遅《ふたじ》比売《ひめ》を妻としたという話がみえる。この意富多牟和気は、「国造本紀」の淡海国造条の大陀牟夜別と同一人とみてよいであろう。また、開化《かいか》天皇段の系譜記事には、水穂《みずほ》真若《まわか》王（開化の子の日子坐《ひこいます》王の子）を近淡海之安直の祖とするとある。『古事記』の近淡海之安国造（近淡海之安直）は、「国造本紀」の淡海国造と同じ系譜を称しており、両者は同氏とみてよいであろう。

国造制下の近江地方については、一国造のみが実在し、のちに、『古事記』景行天皇段の近淡海之安国造＝「国造本紀」の淡海国造と、『古事記』孝昭天皇段の近淡海国造の二氏が、国造氏に認定されたという可能性と、二国造が実在し、国造氏に認定された二氏は、いずれも現実に国造を出していた、つまり近淡海之安国造と近淡海国造が実在したという可能性の二通りが考えられるであろう。後者の場合、近淡海之安国造のクニは、のちの近江国野洲《やす》郡を中心とした地域（おそらく琵琶湖の南岸域）、近淡海国造のクニは、近淡海之安国造のクニとは異なる近江の地（おそらく琵琶湖の北岸域）に比定されるであろう。

(6)三野（美濃）国造

『古事記』景行天皇段には、天皇は三野《みの》国造の祖の大根《おおね》王の二人の娘（兄比売《えひめ》・弟比売《おとひめ》）が美人であると聞いて、子の大碓《おおうす》命を遣わして召し上げようとしたが、大碓命は天皇の命令を聞かず二人を自らの妻としてしまったという話がみえる。同じ話は、『日本書紀』の景行天皇四年二月是月条にもみえ、『古事記』にいう「三野国造の祖の大根王」は『日本書紀』では「美濃国造、名は神骨《かむぼね》」とある。大根王（神骨）は、『古事記』開化天皇段に日子坐王の子として名のみえる神大根《かむおおね》王と同一人であり、その系譜記事には、神大根王を祖とする氏の一つとして、次項の三野国之本巣《もとす》国造をあげている。すなわち、『古事記』景行天皇段の三野国造＝『日本書紀』景行天皇四年二月是月条の美濃国造は、『古事記』開化天皇段の三野国之本巣国造と同じ系譜を称していることになる。

「国造本紀」には、三野（美濃）地域の国造として、額田《ぬかた》国造・三野前国造・三野後国造の三国造（国造氏）を掲げており、このうちの三野前国造が、次項で述べるとおり、三野国之本巣国造と同氏である。『古事記』の三野国造＝『日本書紀』の美濃国造については、三野地域の豪族といった程度の意味で用いられている可能性もあり、三野（美濃）国造が実在したのではない、と解することも可能である。また、当初三野地域には三野（美濃）国造のみが設置され、のちにそのクニが分割されて、額田国造・三野前（三野国之本巣）国造・三野後国造などが置かれたと解することも可能である。第五章の2で述べることであるが、延喜十四年（九一四）段階で美濃国には国造田《こくぞうでん》（闕《けつ》国造田）が二四町存在し、国造田は各国造に六町ずつ支給された田地と考えられるから、美濃国にはかつて、少なくとも四国造が存在したことになる。なお、『倭姫命世記《やまとひめのみことせいき》』（鎌倉時代に伊勢《いせ》神宮において著された神道書。垂仁天皇の娘の倭姫命が天照大神《あまてらすおおみかみ》の鎮座地を求めて各地を巡行する伝承を記す）の垂仁天皇十年条にも美濃国造の名がみえている。

(7)三野国之本巣国造

右に述べたとおり、『古事記』開化天皇段の系譜記事に、日子坐王の子の神大根王を祖とする氏の一つとして三野国之本巣国造の名がみえる。そして「国造本紀」の三野前国造条には、「春日率川《かすがいざかわ》朝（開化朝）に、皇子彦坐王の子、八爪《やつめ》命を国造に定め賜ふ」とある。『古事記』開化天皇段によれば、神大根王のまたの名を八瓜入日子《やつりいりひこ》王といったとあり、三野前国造条の「八爪命」は「八瓜命」の誤記（誤写）の可能性が高い。すなわち、『古事記』開化天皇段の三野国之本巣国造と、「国造本紀」の三野前国造は同一の系譜を称しており、同氏であると考えられる。三野前国造＝三野国之本巣国造が実在したならば、そのクニは、のちの美濃国本巣郡を中心とした地域（美濃国西部）に比定されるであろう。なお、「国造本紀」の額田国造・三野後国造も実在したとするならば、額田国造のクニは、のちの美濃国池田《いけだ》郡額田郷を中心とした地域（本巣国造のクニの西側、近江国と接する地域）、三野後国造のクニは、のちの美濃国東部の地域と推定される。

⑻牟義都国造

『釈日本紀』に引用される『上宮記』に、「一云」として、継体の系譜が記されていることは先に述べた。そこには、「乎非《おひ》王（継体の祖父）、牟義都《むげつ》国造、名は伊自牟良《いじむら》君の女子、名は久留比売《くるひめ》命を娶《めと》りて、生む児、汙斯《うし》王（継体の父）」とあり、牟義都国造の名がみえる。継体の祖父の時代に国造が置かれていたとは考え難いが、この系譜には本来「牟義都国造の祖、名は伊自牟良君」とあった可能性もあり、牟義都国造それ自体の存在は、一概に否定できない。牟義都国造が実在した場合、そのクニは、のちの美濃国武儀《むげ》郡を中心とした地域（美濃国東部）と推定されるから、「国造本紀」の三野後国造と同一の国造であるとの見方も生ずるかもしれない。しかし、両者は系譜を異にしており、別の国造とみるべきであろう。

牟義都国造の氏姓は牟義都君と推定されるが、『古事記』景行天皇段には、三野国造の祖の大根王の娘の弟比売と大碓命（景行の子）との間に生まれた押黒弟日子《おしくろおとひこ》王を牟宜都《むげつ》君の祖としており、『日本書紀』景行天皇四十年七月戊戌《ぼじゅつ》条にも、美濃に封じられた大碓皇子を身毛津《むげつ》君の祖としている。また『新撰姓氏録』にも左京皇別下に牟《む》義公《げのきみ》を載せ、「景行天皇皇子大碓命の後なり」とある。これに対して、「国造本紀」の三野後国造条には、「志賀高穴穂朝の御代に、物部連の祖出雲大日《いずもおおひ》命の孫、臣賀夫良《おみかぶら》命を国造に定め賜ふ」とあり、両者が別系の氏であることは明らかである。両者とも実在した国造であった場合、三野後国造のクニは、牟義都国造のクニよりもさらに東側の地域に求められるであろう。

⑼東国造

『古事記』景行天皇段に載る倭建命の東征伝承のなかに、甲斐《かい》の酒折《さかおり》宮にて倭建命が「新治　筑波を過ぎて　幾夜か寝つる」と歌ったところ、御火焼《みひたき》の老人が答えて「かがなべて　夜には九夜　日には十日を」と歌ったのを誉《ほ》めて、その老人を東《あずま》国造としたという話がみえる。この東国造を実在の国造とみることはできないであろう。

⑽吉備国造

『続日本紀』天平宝字《ほうじ》元年（七五七）閏八月癸丑条に、「従四位上（下カ）上道《かみつみち》朝臣斐太都《ひたつ》を吉備《きび》国造とす」とあり、律令制下の国造（ウ）の国造）として吉備国造の名がみえる。上道斐太都はのちに名を正道《まさみち》と称し、『続日本紀』神護景雲元年（七六七）九月庚午《こうご》条には「備前《びぜん》国の国造従四位下上道朝臣正道」とみえる。したがって、吉備国造は備前国国造の誤りである可能性も考えられる。ただ、『日本書紀』雄略天皇七年八月条には、天皇に不敬のあった吉備下道《しもつみち》臣前津屋《さきつや》を討伐したという話がみえ、その前津屋の注に「或本に云はく、国造吉備臣山《やま》といふ」とある。この注から、吉備国造の存在を推定することは可能であろう。『倭姫命世記』崇神天皇五十四年条にも、吉備国造の名がみえている。一方、「国造本紀」には、吉備地域の国造として上道国造・下道国造など九国造（国造氏）が掲げられている。吉備地域における国造については、当初は吉備国造のみが設置され、のちにそのクニがいくつかの国造のクニに分割された可能性が高いのではないかと考えている。

そのほか、国造姓（エ）の国造）としての「某国造」のうち、『日本後紀《にほんこうき》』延暦二十四年（八〇五）十月癸卯《きぼう》条などにみえる千葉《ちば》国造大私部《おおきさきべ》直（複姓）の千葉国造、『日本三代実録』貞観四年（八六二）七月十日条にみえる仲県国造の二例は、その名が「国造本紀」に掲げられていない。仲県国造については、「国造本紀」に吉備仲県国造がみえるが、国造姓としての仲県国造は、安芸国高宮郡の大領らに与えられた姓であり、両者は別氏である可能性が高い。国造姓としては、これらの二例のほかに、額田国造・飛騨《ひだ》国造・針間《はりま》国造・因幡《いなば》国造・多褹《たね》後《しり》国造・伊豆《いず》国造伊豆直・海上《うなかみ》国造他田日奉《おさだのひまつり》（部《べ》）直の七例が知られるが、これらはいずれも「国造本紀」に同名の「某国造」が掲げられており（多褹後国造は、「国造本紀」の多褹嶋に相当し、海上国造他田日奉（部）直の海上国造は、「国造本紀」に掲げる下海上《しもうなかみ》国造に相当する）、実在の国造に因《ちな》んだ姓の可能性が高い。しかし、千葉国造・仲県国造（のちの安芸国の仲県国造）については、それらが国造制下の国造として実在したか否か不明とせざるを得ない。

また、律令制下の国造（ウの国造）としての「某国造」のうち、『続日本紀』神護景雲元年（七六七）九月庚午条にみえる備前国国造、同十二月甲申《こうしん》条にみえる陸奥国大国造・陸奥国国造、延暦七年（七八八）六月癸未《きび》条などにみえる美作備前（二国）国造は、その名が「国造本紀」に掲げられていない。これらの「某国造」は、いずれも律令制下において新たに成立した国の名を帯びる国造であり、同名の国造が国造制下の国造としても存在していたということではない。

以上、「国造本紀」にその名のみえない「某国造」について、少々煩雑な説明を加えてきた。そのうち、国造制下の国造としても存在した確実な例は一例もない。その可能性の高い例は複数存在するが、それでも一〇例に満たない。史料に残されていない「某国造」も存在した可能性はあるが、その数はそれほど多くはなかったと推定される。

「国造本紀」にみえる「某国造」（国造氏）は、伊吉嶋造・津嶋県直・多褹嶋および大分国造を含め一三一を数えるが、そのうちのすべてが実在した国造ではなく、とくに東北地方南部の一一の「某国造」については、実在しなかった可能性が高い。

国造制下の国造の実数は、それらを加減すると、「国造本紀」の国造数と、さほど違いのない数であったとみてよいであろう。『隋書』倭国伝に「軍尼一百二十人あり」とあるのが、改めて国造の実数を示すものとして注目されるのである。

2　国造の「氏姓」

国造の氏姓と称号

国造の氏姓についての基礎的研究としては、戦後まもなく発表された阿部武彦《あべたけひこ》、井上光貞の研究があげられる。(9) 両氏の見解は、今日においても大きな影響力を持っているが、およそ次のように要約できるであろう。

①国造のカバネは直が一般的であるが、ほかにも臣・連・君などがあり、直以外のカバネを称する国造の分布は、それぞれ特定の地域に限られている。

②またそれらの国造は、直のカバネを称する国造よりも大和政権に対する独立性が高かったと考えられる。

③国造のほとんどは「地名（クニの名）＋カバネ」の氏姓を称するが、一部には「部名＋カバネ」（伴造であることを示す氏姓）を称する国造も存在し、それは東国に多く分布している。

④その伴造の氏姓を称する国造（伴造的国造）は、直のカバネを称する国造よりも、さらに大和政権に対する隷属度が高かったと考えられる。

国造のカバネは直が一般的であることや、国造が「クニの名＋カバネ」を称したことはたしかにそのとおりである。ただ、「クニの名＋カバネ」を国造の氏姓とすることについては、父系出自集団としての氏姓（律令制的「姓《せい》」）の成立は、庚午年籍《こうごねんじゃく》（天智九年〔六七〇〕に作成された戸籍。氏姓を定める定姓の役割も果たした戸籍であり、氏姓の根本台帳とされた）以降のことと考えられる。(10)したがって、「クニの名＋カバネ」という国造の呼称は、本来は国造個人が称した職名的称号というべきものであり、東国に多い「伴造的国造」も、国造制下においては「クニの名＋カバネ」を称していたと考えられる。

このような問題はあるが、まずは、これまでの研究において、各国造の氏姓として推定されてきた例を、一覧表（表㈢）にして掲げておこう（氏姓が空欄となっているのは、不明とされてきた例である）。

この表の国造は、「国造本紀」の国造をはじめ、古代の史料に「某国造」とある例は、律令制下の国造と「東国造」を除き、すべて掲げてある。「国造本紀」とそれ以外の史料の両

表（三） 国造の氏姓

国造名	氏姓
畿内	
大倭(倭)	大倭(倭)直
葛城	葛城直
凡河(川)内	凡河(川)内直
山城・山背・山代	山背直・山代直
闘鶏・都下	都祁直
東海道	
伊賀	伊賀臣・阿保君
伊勢	伊勢直
嶋津・志摩	嶋直
尾張	尾張連
参(三)河	三河直
穂	穂別
遠淡海(遠江)	檜前舎人
久努	久努直
素賀	
珠流河(駿河)	金刺舎人
盧原	盧原君・盧原公
伊豆	日下部直・嶋直
甲斐	甲斐直・日下部直・壬生直
相武	漆部直・壬生直
師長	丈部造・丈部直
武蔵・无邪志・胸刺	笠原直・丈部直・大部直
知々夫(秩父)	三宅連・大伴部
須恵	末使主・日下部使主
馬来田	湯坐連
上海上	檜前舎人直
伊甚(伊自牟)	伊甚直・春日部直
武社	武射臣・牟邪臣
菊麻	谷直・刑部直
阿波	大伴直
印波	丈部直・大生部直
下海上・海上	海上国造他田日奉部直
長狭	丈部臣・壬生直
千葉	千葉国造大私部直
新治	新治直

筑波	壬生直
茨城(木)	壬生連・茨城直
仲(那賀・那珂)	壬生直・宇治部直
久自	
高(多珂)	石城直
東山道	
淡海・近淡海之安	近淡海之安直
近淡海	近江(淡海)臣・和邇部
三野(美濃)	三野(美濃)直
額田	額田国造
三野前	三野(美濃)直・国造
本巣	国造・栗栖田君
牟義都	牟義(宜)都君
三野後	
斐陀(飛驒)	飛驒国造・主水直
科野	科野直・金刺舎人・他田舎人
上毛野	上毛野君
下毛野	下毛野君
那須	那須直

石城・道奥石城	石城直・丈部
道奥菊多	
道口岐閇・道尻岐閇	
阿尺	丈部直
思(曰利ヵ)	
伊久	
染羽	丈部
浮田	吉弥侯部
信夫	丈部・吉弥侯部
白河	奈須直・大伴部・丈部
石背	吉弥侯部
北陸道	
若狭	膳臣・稚桜部臣
高志・越	高志公・道君
三国	三国公・道公
角鹿	角鹿直・角鹿海直
加我・加宜	道君
江沼	江沼臣
能等(登)	能登臣

国造名	氏姓
羽咋	羽咋君・羽咋公
伊弥頭	伊弥頭(射水)臣
久比岐	高志公
高志深江	
佐渡	
山陰道	
丹波	丹波直
但遅麻(多遅摩・但馬)	多遅麻君・神部直・日下部・朝来直
二方	
稲葉(因幡)	因幡国造・伊福部臣
波伯(伯耆)	伯耆造
出雲	出雲臣
石見	
意岐(伎)	
山陽道	
針間(播磨)	佐伯直・針間直
針間鴨	針間国造・針間直
明石	海直
吉備	吉備臣
大伯	吉備海部直
上道	上道臣
三野	三野臣
下道	下道臣
加夜	賀陽臣
笠臣	笠臣
吉備中県	
吉備穴	阿那臣・安那公
吉備品治	品遅君
阿岐(安芸)	佐伯直・凡直
仲県	仲県国造・三使部直
大嶋	凡海直
波久岐(与之岐カ)	
周防(芳)	周防凡直
都怒	角(都奴・都努)臣
穴門	穴門直
阿武	阿牟君

南海道	
紀伊(紀・木)	紀直
熊野	熊野直・熊野連
淡道	凡直
粟(阿波)	粟凡直
長	長直
讃岐	讃岐凡直・凡直・讃岐公・佐伯直
伊余	凡直
久味	久米直
小市	越智直
怒麻	
風速	風早直
都佐	凡直
波多	
西海道	
筑志(紫)	筑紫君
竺志米多	米多君・末多君
豊(豊国)	豊国直
宇佐(菟狭)	宇佐公・宇佐君
国前	国前臣
比多	
大分	大分君
火	火(肥)君
松津	
末羅	
阿蘇	阿蘇君
葦分	葦北君・刑部靫部(負)
天草	
日向	
大隅	大隅直
薩摩	薩摩君・阿多君
伊吉(岐)	壱岐(伎)直
津嶋・津嶋上県・下県	津嶋県直
葛津立(葛津ヵ)	葛津直
多褹・多褹後	多褹直

方に名のみえる国造もあるが、過半数は「国造本紀」にのみみえる国造である。したがって、この表の国造のなかには、実際には国造（大和政権の地方官としての国造）ではなかったと考えられる例も含まれている。

また、この表で推定されている氏姓のなかには、史料上に「某国造＋氏姓＋名」という個人名が登場することによって直接推定される例（たとえば、『日本書紀』安閑天皇元年閏十二月是月条に「武蔵国造笠原直使主」とみえる例など）や、記紀の系譜記事などにおいて「某国造」と「某カバネ」（氏姓）が対応することによって推定される例（たとえば、『日本書紀』神武天皇即位前紀に「倭国造」に任じられた珍彦《うずひこ》（椎根津彦《しいねつひこ》）を「倭直」の始祖とする例など）がある。しかし、多くは、八世紀の郡領（郡司の長官・次官）などの氏姓から推定されたものである。いいかえれば、各国造のクニに相当する地域の郡領などの氏姓に、「クニの名＋カバネ」の氏姓が見出《みいだ》せれば、それが各国造の国造制下における氏姓と推定されてきたのである。

「伴造的国造」は、それぞれのクニに相当する地域内において、国造に由来する氏姓（「クニの名＋カバネ」）が見出せない例であり、郡領などの有力者が、いずれも伴造に由来する氏姓（「部名＋カバネ」）を称している例である。つまり、「伴造的国造」の一族は、庚午年籍における定姓の際（あるいはそれ以降の改賜姓の際）に、国造ではなく、伴造に由来する氏姓を賜与された例ということができる。

ただ、そのような例はあるものの、この表は、「伴造的国造」の多い東国を含む全国各地域において、「クニの名＋カバネ」を氏姓とする氏が、八世紀の郡領などの有力氏族として普遍的に存在したことを示している。国造の一族は、国造制廃止後、一般的にはその地域の郡領に任じられていったと考えられるのであり、一方においては、「クニの名＋カバネ」という国造に由来する氏姓を賜与されたと考えられるのであるから、この表からも、国造が本来「クニの名＋カバネ」という称号を持っていたということは、十分に推定されるところである。

国造の称号と「某国造」

以上、国造が「クニの名＋カバネ」という職名的称号を称していたと考えられることを述べた。このことは、次の諸伝承からも確かめられる。

(1)『新撰姓氏録』右京皇別下佐伯《さえき》直条

景行天皇の皇子、稲背入彦《いなせいりひこ》命の後なり。男《こ》、御諸別《みもろわけ》命、稚足彦《わかたらしひこ》天皇（謚は成務。）の御代、針間《はりま》国を中分《なかばわけ》て給はれり。仍《よ》りて針間別《はりまわけ》と号く。男、阿良都命《あらつ》一の名は伊許自別《いこじわけ》。誉田《ほむた》天皇（応神天皇）、国界を定むる為に、車駕巡幸《いでまし》て、針間国神崎郡《かんざき》瓦《かわら》村の東崗《おか》の上に到《いた》りたまふ。……仍《すなわ》ち伊許自別命を差《つかわ》して往《ゆき》て問《とわ》しむ。……伊許自別命、状を以て復奏す。天皇詔して曰はく、「汝、君と為《し》て治む宜《べ》し」とのたまふ。即ち氏を針間別佐伯直と賜ふ。佐伯は謂《いわ》ゆる氏姓なり。直は君を謂《い》ふなり。爾後《そののち》、庚午の年に至りて、針間別の三字を脱落《のぞき》て、偏《ひとえ》に佐伯直と為《し》き。

(2)『新撰姓氏録』右京皇別下廬原公《いおはら》条

笠《かさ》朝臣と同じき祖。稚武彦命《わかたけひこ》の後なり。孫、吉備武彦命《きびたけひこ》、景行天皇の御世、東方に遣《つかわ》被《され》て、毛人《えみし》及凶鬼神《あらぶるかみ》を伐《う》ちて、阿倍廬原国《あべのいおはら》に到り、復命日、廬原国を給ひき。

(3)『豊後国風土記』総記

豊後の国は、本、豊前の国と合せて一つの国たりき。昔者《むかし》、纏向《まきむく》の日代《ひしろ》の宮に御宇《あめのしたしろ》しめしし大足彦《おおたらしひこ》の天皇（景行天皇）、豊国直《とよくに》等が祖、菟名手《うなて》に詔したまひて、豊国を治めしめたまひしに、……天皇、ここに歓喜《よろこ》び有《ま》して、即ち、菟名手に勅《の》りたまひしく、「天の瑞物《しるしもの》、地の豊草《とよくさ》なり。汝が治むる国は、豊国と謂ふべし」とのりたまひ、重ねて姓を賜ひて、豊国直といふ。

(1)によれば、佐伯直氏は、祖の稲背入彦命（景行天皇の子）の子の御諸別命が、成務天皇の時代に針間国を中分して給わり「針間別」を称し、その子の伊許自別命が、針間国の統治を任されて「針間別佐伯直」の氏姓を賜り、その後、庚午年籍において「針間別」の三字を除き、「佐伯直」となった、というのである。また、(2)によれば、廬原公氏は、祖の稚武彦命（第七代孝霊《こうれい》天皇の子）の孫である吉備武彦命が、景行天皇の時代に廬原国を給わった（それによって「廬原公」を称した）という。そして(3)によれば、「豊国直」の祖である菟名手は、景行天皇により豊国の統治を任され、それによって「豊国直」の氏姓を賜ったというのである。

このように、あるクニの統治を任されたことにより、「そのクニの名＋カバネ」の称号（氏姓）を賜ったという伝承は広く残されており、このことからも、国造の称号が「クニの名＋カバネ」であったことが確かめられるであろう。

それでは、各国造の呼称において、「クニの名＋カバネ」の称号と、「クニの名＋国造」という呼称が併存するのは、なにゆえであろうか。

国造と併称される伴造の場合は、「部名＋カバネ」を職名的称号としたが、「部名＋伴造」

という呼称はみられない（「土師連」「馬飼造」などの個々の伴造を、「土師伴造」「馬飼伴造」などとは呼ばない）のである。これは、「部名＋カバネ」という称号それ自体が、伴造であることを示しているからと考えられる。

それに対して、「地名＋カバネ」の呼称における地名は、クニの名に限らないのであり、蘇我臣・巨勢臣・神門《かんど》臣・礪波《となみ》臣など、クニの名ではない「地名＋カバネ」を称する人物は、国造制下において、中央・地方に広く存在していた。国造の場合は、これらと区別するため、必要に応じて「地名＋国造」を称したものと考えられる。「伴造」が、それぞれの部を統率する職（「部名＋カバネ」）の総称であるのに対し、それぞれのクニを統轄する職（「クニの名＋カバネ」）の総称が「国造」である。各国造は、国造の職にあること（帯びる地名がクニの名であること）を明示する必要のある場合に、「地名＋国造」を称したと考えられるのである。

「国造」の読みと表記

さてここで、「国造」の読みと、その表記について、取り上げておきたい。「国造」は、ふつう「クニノミヤツコ」と読まれており、「コクゾウ」と音読されることも多いが、本来の読みは「クニノミヤツコ」である、とするのが一般的理解であろう。しかしこの点は、それほど確かなことではない。『日本書紀』の古訓（古い時代の写本に付されたフリガナ）には、「クニノミヤツコ」のほかに「クニツコ」の読みもある。

かつて津田左右吉《つだそうきち》は、「クニノミヤツコ」の読みは、奈良時代の末か平安時代のはじめ頃に成立したものであり、それは、「伴造」を「トモノミヤツコ」と読むようになってから成立した読みであると説いた。(11)津田は、国造は国（クニ）の長であり、伴造は伴・部（トモ）の長であるから、その「造」の字は、カミ・ヌシ・キミなど、長の語を表したものに違いないとし、一方「ミヤツコ」は「御家《みや》（宮）つ子」「御奴《みやつこ》」の意味であるから、長を表す「造」の字の本来の読みではない、と考えたのである。そして、なにゆえ長を表す語に「造」の字が用いられたのかについては、新羅の官位十七等の「造位《ぞうい》」に由来する可能性、『漢書《かんじょ》』の百官公卿表にみえる「上造《じょうぞう》」に由来する可能性、また、「造」に「はじめ」という意味があることから、それが長の意味に用いられた可能性、さらに、物を造ることが物を支配することに転じて、それが長の意味に用いられた可能性、等々を指摘しつつも、結局それらは「頗《すこぶ》るおぼつかない憶測である」とし、結論を保留したのであった。

津田は、国造・伴造の「造」は長を表す語であるから、それを「ミヤツコ」と読むのは本来の読みではないとしたのであるが、「御家（宮）つ子」「御奴」を、天皇（大王）に仕える臣下の意味に解するのであれば、大王に仕えるトモの長・クニの長を「ミヤツコ」と称したことに不思議はないであろう。しかし、「造」がもともと「ミヤツコ」と読まれたとしても、なにゆえ「御家（宮）つ子」「御奴」に「造」の字をあてたのかという問題は残る。

そしてその問題は、「造」（ミヤツコ）というカバネの成立事情の問題、といいかえることができよう。つまり、「ミヤツコ」という倭語のカバネがまず成立し、そこに「造」の字をあてたのか、そうではなく、「造」という漢字で表記される身分標識が先に成立し、のちにそれを「ミヤツコ」と読むようになったのか、という問題である（津田は後者の立場）。

カバネを代表するものとして、臣・連があるが、第一章の2に述べたとおり、臣のカバネは、本来、臣下を意味する漢語の「臣（シン）」に由来し、のちにそれが「オミ」と読まれるようになったと考えられる。また、連のカバネについても、筆者は、大王に連なるという意味の漢語の「連（レン）」に由来し、それがのちに「ムラジ」と読まれるようになったと考えている。(12)

したがって、造というカバネについても、本来は「造（ゾウ）」という漢字・漢語で表される身分標識であり、それがのちに「ミヤツコ」と読まれるようになったと考えるのである。ただ、その場合の「造（ゾウ）」が、何に由来するかは明らかにできないでいる。「造」を

「ミヤツコ」と読むようになった時期も不明であるが、天智紀七年（六六八）二月戊寅条に、天智天皇の嬪《ひん》の一人としてみえる遠智娘《おちのいらつめ》、またの名美濃津子娘（ミノツコノイラツメ）は、孝徳紀大化五年（六四九）三月是月条に中大兄皇子（のちの天智天皇）の妃としてみえる造媛（ミヤツコヒメ）のことであるから、「造」を「ミヤツコ」と読むことは、七世紀中頃には行われていたと考えられる。

国造のカバネ

国造に一般的なカバネが直であることは、表㊂からも明らかである。また、臣・君（公）も相当数存在し、臣は、吉備臣・上道臣・下道臣など山陽道に多く、武射《むさ》臣・近江臣・江沼《えぬ》臣・能登臣・出雲臣・国前《くにさき》臣など東海・東山・北陸・山陰・西海道などにも少数ではあるが存在する。君（公）は、筑紫君・肥君・阿蘇《あそ》君など西海道に多く、上毛野《かみつけの》君・下毛野《しもつけの》君・道《みち》君など東山・北陸道などにも存在する。連については、尾張国造の尾張連のほか、知々《ちち》夫《ぶ》・馬来田《まくた》・茨城国造なども連を称していた可能性があるが、臣・君に比べて少数であり例外的である。

阿部武彦は、直のカバネの国造は、直という画一的なカバネで統一できた国造であり、大和政権に対する服属の画一性を有していたとし、臣のカバネの国造は、吉備臣・出雲臣に示されるように有力な国造であり、君（公）のカバネの国造は、遠隔地に多く、やはり有力な国造であるが、臣の国造よりも大和政権への服属年代が新しかったとする。[13] また、井上光貞は、国造には直のカバネを賜与するのが原則であったが、君（公）を称する国造は、大和政権が直を賜与し得なかった独立性の高い国造であり、臣・連のカバネを称する国造は、直のカバネの国造と同列に扱うことができなかった国造であったとしている。[14] そして両氏とも、直以外のカバネの国造の分布が地域的に偏在する点に注目し、国造・国造制には地域的多様性があったと説いている。

国造のカバネについて、筆者は、国造制の施行にあたって、初代国造に任じられた人物が、それ以前にカバネを賜与されていなかった場合に、統一して直のカバネが賜与されたと考えている。したがって、直以外のカバネを称する国造については、国造制が施行される以前から、それぞれのカバネを賜与されていたと考えるのである。臣のカバネの国造のなかには、武社《むさ》国造・能登国造など必ずしも有力であったとは思えない例も含まれており、君（公）の国造のなかにも、牟義都《むげつ》国造・吉備品治《ほんち》国造など必ずしも遠隔地とはいえない地域の国造が含まれている。そもそも、国造制の施行とカバネの賜与とは本来別個のものであり、カバネは、国造に任じられたからというだけではなく、大王に臣従した際に、大王に対する奉仕の在り方に応じて賜与されたものである。

しかし、国造のカバネに限っていえば、井上光貞のいうように、国造に任じられた人物の性格・勢力の違いに応じて賜与されたという可能性も否定できない。ただ、その場合も、あくまでそれは、国造に任じられた人物（および、その人物が率いる集団）の性格・勢力に違いがあるということであり、国造制の内容に違いがあったということではない。国造制の地域的多様性というのは、このようなものとして理解されなければならない。

国造に一般的な直のカバネについては、「アタヒ」という倭語が先にあって、それに漢字の「直」をあてたとする見方もあるが、先に述べたとおり、臣・連・造などのカバネが漢語・漢字に由来するならば、直についてもそのように考えてよいと思う。「直」の古い表記は「費直」であるが、「費直」については、本来「コホリチカ」と読まれ、一定の集団・区画（コホリ）の長（チカ）を指す朝鮮語であり、それを倭《やまと》（東《やまと》）漢《のあや》や川内《かわち》（西《かわち》）漢《のあや》などの渡来系の諸集団の長が称していたことにより倭国に伝わったとする説[15]が妥当であろう。朝鮮において、「チカ」という朝鮮語に漢字の「直」をあてたのは、直（チョク）の音を借りたものと考えられる。「費直」は、その後倭国において「費」とも「直」とも表記されるようになり、さらにその後に、「費」「直」の漢字の意味をとって「アタヒ」と読まれるようになったと考えられるのである。

国造制が施行された段階で賜与された直は、おそらく、「直（チョク）」という漢字の身分標識（カバネ）であり、その段階では、「アタヒ」という読みは成立していなかったと推定される。また、国造に直が賜与されたのは、朝鮮における「直」が一定の集団・区画の長を意味する語であり、国造の性格と通ずるところがあったからと考えられる。

「伴造的国造」

表㈢によれば、国造の氏姓として、伴造に由来する氏姓を推定されている国造（「伴造的国造」）は、「東国」全般にではなく、遠淡海《とおとうみ》以東の東海道地域と、東山道地域の一部（東北地方南部）に限られている。これらの地域の国造が、なにゆえ国造ではなく伴造に由来する氏姓を称したのか、その理由は考えてみる必要があろう。

庚午年籍における諸豪族の定姓の在り方について、近年、須原祥二《すはらしょうじ》は、「姓」（氏姓）を与えられる側の意向がある程度反映されたとし、次のように述べている。(16)

王権に仕える諸豪族は元来複数の「仕奉」を持ち得たのであり、庚午年籍の定姓時には、各々が自らの政治的・社会的基盤を確保する上でもっとも政治的訴求力があると判断した「仕奉」に基づいた「姓」を選び（なかには複数の「仕奉」を含んだ「姓」を作り出して）、天皇（大王）の承認を経て戸籍に登録する「姓」としたのである。

妥当な見解というべきであろう。とするならば、遠淡海以東の東海道地域の国造の多くと、東北地方南部の国造は、なにゆえ国造の「仕奉」に由来する「姓」（氏姓）を選ばなかったのかということになる。

東北地方南部の国造については、前節で述べたように、実際には国造ではなかったと考えられるのであるから、「選ばなかった」というより、「選べなかった」というべきであろう。東北地方南部の国造（実際は国造氏）のなかに、国造に由来する氏姓を称する例が一例も見出せないのは、逆にいえば、この地域に国造制が施行されなかったことを示すということである。

遠淡海以東の東海道地域の国造については、「久努《くぬ》直」「盧原君（公）」「武射（牟邪）臣」「新治直」など、少例ではあるが、「クニの名＋カバネ」という国造に由来する氏姓も見出すことができる。クニを統轄する地方官という国造の地位（職）からすれば、国造に由来する氏姓を選ぶことが、国造およびその一族にとって、もっとも有利であったと考えられるのであり、この地域を除く他地域の国造が、ほとんど国造に由来する氏姓を称しているのは、そのことを示している。

したがって、国造に由来する氏姓を選ばなかった国造については、クニを統轄するという国造の機能が、そのクニにおいては現実には果たされていなかったという状況が推定されるであろう。一方、国造に由来する氏姓を求めたが認められなかったという場合も考えられる。その場合、国造に由来する氏姓を求める一族が複数存在し、一つに限定できなかったというような状況も想定できるであろう。『日本書紀』大化元年（六四五）八月庚子条の「東国国司詔」（第一詔）によれば、当時の東国において、実際には国造ではないにもかかわらず、代々その職に就いていたと詐称する人物のいたことが述べられている。ただこのような場合も、そのクニにおいて国造制が十分に機能していなかった状況が推定できる点では同じである。

「伴造的国造」は、必ずしも大和政権に対する隷属度が高かったということではなく、むしろ「伴造的国造」の多い地域は、国造制が十分に機能していなかった地域、いいかえれば大和政権の浸透度の低かった地域ということができる。このことは、「東国」（東海・東山・北陸道地域）における国造制の施行が、その他の地域に比べて遅れたと考えられること（第一章の3参照）とも関係すると思われる。ただし、東山道（東北地方南部を除く）や北陸道地域においては、「伴造的国造」はほとんど存在しないのであり、東国全般に指摘できることではない。

「凡直国造」

国造の氏姓について、最後に取り上げておきたいのは、「凡直国造《おおしのあたいこくぞう》」の問題である。表㈢に示されるように、山陽道の一部地域と南海道地域に、「クニの名＋凡直」および「凡直」を氏姓とする国造が集中的に分布している。

このことに注目した八木充《やぎあつる》は、「凡」は「押統《おしす》ぶる」の意味であるから、「凡直国造」は広い範囲を統轄した国造であり、大和政権の政策的意図により瀬戸内《せとうち》地域に画一的に設置された国造であるとした。そしてそれは、部民制的な貢納関係が緩んできたことに対応して、国造のクニを単一の課税単位とする地方支配組織の再編・強化のためであったとしている。(17)石母田正は、「凡直国造」を「大国造」の典型とし、(18)吉田晶も「凡直国造」はいくつかの小国造を統轄するために設置されたとしている。(19)大国造のクニの内部に小国造のクニが編成されていたとする「大・小国造制論」には従えないが、ただ、「凡直国造」を、それまでの国造に替えて、いくつかのクニを合わせた広範囲を新たなクニに設定して任じた国造とするならば、その可能性は否定できないと思う。

「凡直国造」について考える際に、重要なのは、『続日本紀』延暦十年(七九一)九月丙子条に載る凡直千継《ちつぐ》らの言上記事である。

讃岐《さぬき》国寒川《さむかわ》郡の人正六位上凡直千継ら言《もう》さく、「千継らが先は、皇直なり。訳語田《おさだ》朝庭の御世に、国造の葉《すえ》を継ぎて所部の界を管《つかさど》れり。是に、官に因りて氏を命《おお》せて、紗《さ》抜大押直《ぬきのおおおし》の姓を賜ふ。而《しか》るに庚午年の籍に、大押の字を改めて、仍《すなわ》ち凡直と注《しる》せり。是を以て、皇直の裔、或は讃岐直と為り、或は凡直と為る。……請《こ》はくは、先祖の業に因りて讃岐公の姓を賜はらむことを」とまうす。勅して、千継らが戸廿一烟に、請に依りてこれを賜ふ。

これによれば、凡直千継らの祖先である皇直は、「訳語田朝庭の御世」(敏達天皇の時代)

に国造職を継承し、「紗抜大押直」の氏姓を賜ったというのであるから、それ以前には別の一族の人物がこの地域の国造に任じられており、それに代わって皇直が紗抜（讃岐）国造に任じられ、「大押直」のカバネを賜与されたと解することができよう。したがって、皇直の讃岐国造任命が、この地域に対する国造制の再編にともなう任命であった可能性は十分に考えられる。ただ、「凡直国造」とその他の国造との間に、八木充のいうような内容上の違いがあったとは考え難い。「凡直国造」が新たな内容の支配制度であったならば、その設置範囲が限定されていることの理由が十分に説明できないからである。

千継らの言上によれば、その後、庚午年籍による定姓の際に、「大押直」は「凡直」と記され、皇直の後裔は、讃岐直を氏姓とする一族と、凡直を氏姓とする一族に分かれ、千継らの一族は凡直となったが、先祖は讃岐国造の職にあったのであるから、それに基づく「讃岐公」の氏姓を請う、というのである。「大押直（凡直）」は、当初、カバネ（「直」の美称）として用いられたが、庚午年籍において、氏姓に転化して用いられるようになったということであろう。

要するに、「凡直国造」は、内容の変化をともなうものではないが、国造制の再編にともなって任命された国造と考えられるのであり、「凡直国造」の分布が瀬戸内沿岸の一部地域に限られていることについては、瀬戸内海航路の確保、対外的軍事編成の強化のためとみるのが妥当であろう。ただ、そのように考えた場合も、なにゆえ山陽道の一部と南海道地域に限られ、吉備や筑紫の地域に設置されなかったのかという問題は残る。これについて明確にはできないが、吉備には児島屯倉（欽明紀十七年〔五五六〕七月己卯条など）、筑紫には那津屯倉（宣化紀元年五月朔条など）という大和政権の出先機関が設置されていたことと関係するのではないかと考えている。

第四章　「大化改新」と国造制

1　「大化改新」と評制の施行

「大化改新」とは

国造制は、「大化改新」によって評制が施行されたことによって廃止されたとするのが、今日においても一般的な見方といってよいであろう。しかし、「大化改新」をどのように考えるか、その評価は定まっていない。「大化改新」についての基本史料は『日本書紀』（孝徳紀）であるが、その信憑性についての評価が定まっていないのである。それはひとまず措《お》くとして、『日本書紀』による「大化改新」の経過をごく簡単に要約すると、次のとおりである。

・皇極天皇四年（六四五）六月

中大兄皇子（のちの天智天皇）、中臣鎌足《なかとみのかまたり》（のちの藤原《ふじわら》鎌足）らが、宮中で蘇我入鹿《いるか》を殺害する。大臣の蘇我蝦夷（入鹿の父）は、それを聞き、自宅に火を放って自殺する。この政変（乙巳《いっし》の変）により、皇極天皇が譲位し、弟の孝徳天皇が即位する。中大兄皇子は皇太子となり、阿倍内麻呂《あべのうちまろ》が左大臣、蘇我石川麻呂《いしかわまろ》（入鹿殺害に加わる）が右大臣、中臣鎌足が内臣《うちつおみ》、高向玄理《たかむこのくろまろ》と僧旻《みん》が国博士《くにはかせ》に任じられる。間人《はしひと》皇女（中大兄皇子の同母妹）が皇后に立てられ、譲位した皇極天皇には「皇祖母尊」（すめみおやのみこと）の号が贈られる。皇極四年を改めて大化元年とする。

・大化元年（六四五）八月

東国「国司」を任命し、戸口調査・校田《こうでん》などを命ずる。

・大化元年九月

吉野《よしの》に隠退していた古人大兄皇子《ふるひとのおおえ》（中大兄皇子の異母兄）が討たれる。

・大化元年十二月

都を飛鳥《あすか》から難波に遷《うつ》す。

・大化二年（六四六）正月
「改新の詔」を宣し、子代・屯倉、部曲・田荘《たどころ》の廃止、京・畿内・郡司・駅などの行政組織の整備、戸籍・計帳・班田収授《はんでんしゅうじゅ》法の作成、田調・戸調など新税制の施行を命じる。

・大化二年三月
中大兄皇子が孝徳天皇の諮問に答え、自らが所有する入部と屯倉の献納を奏上する。

・大化二年八月
品部廃止の詔を宣し、部民制の廃止を命ずる。

・大化三年（六四七）四月
再び品部廃止の詔を宣す。この年、冠位十三階制を定める。

・大化五年（六四九）二月
冠位十九階制を定め、八省・百官を設置する。

・大化五年三月
左大臣の阿倍内麻呂が死去する。右大臣の蘇我石川麻呂が討たれる。

「大化改新」の実態と評制の施行

「大化改新」についての研究が本格化したのは、明治二十年代（一八九〇年代）以降のことであり、そのなかで、「大化改新」は明治維新と比較し得るような大改革である、とする見解が有力になっていった。しかし、昭和のはじめに（一九三〇〜三一年）、津田左右吉が「改新詔」の信憑性に疑問を提示し、(1) さらに戦後の「郡評《ぐんぴょう》論争」により、「改新詔」をはじめとする孝徳紀の諸詔には、『日本書紀』編者の手の加わっていることが明らかになった。

「郡評論争」というのは、国の下部の行政区を指すコホリという倭語（もともとは朝鮮語の可能性が高い）の表記が、「評」の字から「郡」の字に変わるのはいつかという論争（郡・評それぞれの内容についての議論も含む）であり、出土文字史料である木簡の増加により、「評」から「郡」への変化は、大宝令の制定（七〇一年）によることが確定的になった。これにより、「郡」の字を用いている孝徳紀の諸詔は、当時発せられたそのままの形を伝えるものではないことが明らかになったのである。

そして、昭和四十年代中頃（一九六〇年代末）には、「大化改新」それ自体の存在を否定する「大化改新否定論」が提唱されるに至った。「否定論」の提唱は、改新肯定の立場の研究にも進展をもたらし、近年では、「大化改新」において、一定の政治・制度改革が行われたとする見方が一般的である。とくに、新しい地方支配制度である評制（のちの郡制につながる制度）が施行されたという点については、ほぼ異論がないといってよい。

ただ、評制の施行過程をめぐっては、孝徳朝全面施行説と段階的施行説に分かれている。八世紀以降の郡領の任用に関わる記事に、「難波朝庭以還の譜第重大」（『続日本紀』天平七年〔七三五〕五月丙子条）、「昔難波朝庭、始めて諸郡を置く。仍《よ》りて有労を択《えら》び、郡領に補す。子孫相襲し、永くその官に任ず」（『類聚国史《るいじゅうこくし》』巻十九国造、延暦十七年〔七九八〕三月丙申《へいしん》条）、「夫《そ》れ郡領は、難波朝庭、始めて其の職を置く。有労の人、世《よ》其《よ》の官に序す」（『日本後紀』弘《こう》仁《にん》二年〔八一一〕二月己卯条）などとあることからすると、孝徳朝に全面的に施行されたとみるのが妥当であろう。『皇大神宮儀式帳《こうたいじんぐうぎしきちょう》』（皇大神宮＝伊勢神宮内宮の宮司大中臣真継《おおなかとみのまつぐ》らが延暦二十三年〔八〇四〕に神祇官《じんぎかん》に提出した書）にも、度会評《わたらい》・多気評《たけ》が建てられたのは、孝徳朝の「天下立評」のときであるとの記述がある。

それにもかかわらず、段階的施行説が唱えられるのは、孝徳朝以降も国造が存続するという理由に基づくところが大きい。すなわち、評制の施行により国造は評の官人に任じられたのであるから、国造が残っているということは、いまだ評が建てられていないことを示すというのである。しかし、評制の施行によって国造制が廃止されたのではないならば、国造の存在は評の未成立を示すことにはならない。孝徳朝全面施行説に従うべきであろう。もちろん、孝徳朝以降に、すでに建てられていた評を分割して新たな評が建てられたということはあっても、それは、その地にはじめて評制が施行されたということではない。

「東国国司詔」第一詔と評制施行の準備

孝徳朝における評制の施行過程を考えるうえで重要な史料として、「東国国司詔」と呼ばれる一連の詔がある。大化元年（六四五）八月庚子（五日）条・大化二年三月甲子（二日）条・同辛巳（十九日）条の三ヶ所に載せられており、それらを順番に第一詔・第二詔・第三詔と呼ぶこととする。

「東国国司詔」第一詔は、東国に派遣する「国司」を任命し、その「国司」に、任務と、それを遂行する際の注意事項を命じた詔である。それによれば、このときの「国司」に与えられた任務は、次の三点である。

(ア)「国家所有公民」（国家の支配下にある人々）と「大小所領人衆」（諸豪族の支配下にある

人々）を対象に（つまりすべての人々を対象に）、戸籍を作り、田畝《でんぽ》を調査しなさいということ（「造籍《ぞうせき》」「校田」）。

(イ)国造・伴造（地方伴造）・県稲置（コホリの稲置）など、地方行政の実情を調査し、報告しなさいということ（「地方行政の実情調査・報告」）。

(ウ)空き地に兵庫を建て、「国郡」の武器を収蔵しなさいということ（「武器の収公」）。

また、この詔の末尾では、「倭国六県」にも使者を派遣し、「造籍」「校田」を行うよう命じている。

ところで、ここに「国司」と記されるのは、孝徳紀編者の潤色であり、この「国司」を律令制下の国司（令制国を統轄する常置の地方官。中央から派遣され任期をもって交代する）と同じ性格の地方官とみることはできない（以下、このときの国司を律令制下の国司と区別して「国司」とカッコ書きにして示す）。このときの「国司」の性格をめぐっても多くの議論があるが、律令制下の国司より広い範囲を単位に派遣され、特定の任務をもって一定期間任地に滞在する臨時の地方官であったと考えられる。

ここにいう「造籍」「校田」の任務(ア)についても、律令制下における造籍・校田（すべての人々を登録し、班田収授の際の台帳となる戸籍の作成、および田地の領有関係とその等級の調査）とは異なったものと考えられる。おそらく、現実に存在していた戸ごとに、税を負担すべき成人男子の数を書きあげた程度の「造籍」であり、また現実に存在していた田地の広さを調査する程度の「校田」であったと推定される。

「地方行政の実情調査・報告」の任務(イ)は、誰が実際に国造・伴造（地方伴造）・県稲置の職にあったかを調査・報告し、新しい地方支配制度（評制）における官人（評司）の候補者を定めることを命じたものと考えられる。「造籍」「校田」の任務(ア)や、「武器の収公」の任務(ウ)も、この新しい地方支配制度を施行していく際に必要な措置であったとみてよく、東国「国司」派遣の主目的は、評制施行のための準備であったということができる。

また、この詔の内容の信憑性については、これを高く評価するのが通説となっている。後述の「東国国司詔」第三詔は、その具体的内容から、何らかの原資料に基づくことが明らかであり、第一詔は、その第三詔と対応し、しかも第三詔からは作文し得ない内容を含んでいる。

「東国国司詔」第二詔・第三詔

「東国国司詔」第二詔は、漢文的文飾の多い文章であるが、その内容は、およそ次のとおりである。

先に「良家の大夫」（マヘツキミ）を「東方八道」に派遣した（第一詔で任命した東国「国司」らを指す）。「国司」らはすでに任地に赴いたが、そのうちの六人（それぞれの「国司」グループの長官のうちの六人）は、「法を奉じた」（第一詔で与えられた任務を遂行し、注意事項も順守した）が、二人（長官のうちの二人）は「令に違《たが》えた」（任務に不備があり、注意事項も守らなかった）、という「毀誉《きよ》」（評判）が聞こえてきた。そこで今、第一詔に従って、不正のあった「国司」らを処断することにする。

この第二詔の内容についても、信憑性を高く評価するのがふつうである。「東方八道」というのは、第二詔の独自の記述であり、これは第一詔・第三詔と対応するのであるが、第一詔では、このときの東国「国司」が八方面に派遣されたことは述べられておらず、第三詔からも、「国司」がいくつかのグループに分かれて派遣されたことはわかるが、八方面に派遣された（八グループに分かれていた）ことは、直接には窺うことができない。つまり、第二詔は、第一詔・第三詔からは作文し得ない独自の内容を持っているということである。六人が法を奉じ、二人が令に違えたとあることも、第二詔の独自の記述で、第三詔では、ほとんどの「国司」に犯過があったとしている。この第二詔を受けて、「国司」らに対する勤務評定の行われたことを述べているのが第三詔である。

第三詔は、東国の「朝集使《ちょうしゅうし》」(律令制下においては、任地に派遣されている国司のうち、国政報告のため上京した国司を朝集使という。この場合も、上京した「国司」を指していると考えられる)と、上京している国造らに対して、「国司」らの勤務状況を報告させ、その報告を引用するとともに、それを受けての措置を述べた詔である。その主旨は、本来ならば犯過のある「国司」らを処罰しなければならないが、今は新宮の造営にあたっているという特別な時期であるから、処罰することはしないので、「国司」らは一層任務に励みなさい、というものである。第三詔に引用される「朝集使」らの報告は、各「国司」のグループごとに、きわめて具体的に報告されたものであり、その内容は、机上で作文できるようなものではない。第三詔が、何らかの原資料に基づいて書かれた詔であることは明らかである。

他地域への「国司」の派遣

東国「国司」が、新しい地方支配制度（評制）施行のための準備として派遣されたのならば、それは東国だけではなく、全国的に派遣されたとみなければならないであろう。実際、孝徳紀大化元年（六四五）九月朔条には、「使者を諸国に遣して、兵を治む。或本に云はく、六月より九月に至るまでに、使者を四方の国に遣して、種々の兵器を集めしむといふ」とあり、「武器の収公」の任務は、全国に対して命じられていたことが知られる。また、同甲申（十九日）条には、「使者を諸国に遣して、民の元数《おおかず》を録す」とあり、「造籍」の任務も全国に命じられたことが記事として残されている。「元数」というのは全部の数という意味で、「民の元数を録す」というのは、人口を調査してそれを記録するという意味になる。「東国国司詔」第一詔にいう「造籍」と、同じことを指しているとみて間違いない。

しかし、東国「国司」に命じられた任務のうち、「校田」と「地方行政の実情調査・報告」については、それを全国に命じたという記事が孝徳紀にみえないのである。そこで注意されるのは、皇極紀二年（六四三）十月己酉（三日）条の次の記事である。

遂に国司に詔したまはく、「前《さき》の勅せる所の如く、更《また》改め換《かう》ること無し。厥《そ》の任《ま》けたまへるところに之《まか》りて、爾《いまし》の治《しら》す所を慎《つつし》め」とのたまふ。

これによれば、大化元年八月を遡る二年前に、ある任務を負わされた「国司」がすでに派遣されていたことになる。この「国司」は、東国を除く各地に派遣された「国司」で、このときの任務は、東国「国司」に与えられた任務のなかから、大化元年に新たに使者によって伝えられた「武器の収公」と「造籍」（「民の元数を録す」）を除いたところの、「校田」と「地方行政の実情調査・報告」にあったとみてよいのではなかろうか。つまり、東国以外の地域に対しては、すでに皇極二年の段階で、新しい地方支配制度の施行を目的とした「国司」の派遣があったと考えられるのである。

この点については、王権の直轄地的存在であった東国に、まず「国司」が派遣されたとみるのが一般的である。しかし、そうではなく、東国には遅れて「国司」が派遣されたとみるべきであろう。第一章の3で述べたように、東国に国造制が施行されたのは、他地域より遅れたと考えられるのであり、評制施行の準備のための「国司」の派遣も、他地域より遅れたとして不思議はない。

孝徳紀に、東国「国司」についてのみ詳しい記事が載せられているのは、とくにそれに関わる原資料が、『日本書紀』（孝徳紀）編者のもとに残されていたからであろう。原資料が残されていた理由については、東国における新制度（評制）の施行には難航が予測されたため（第三章の2で述べたように、東国は国造制が十分に機能していない地域が多く、中央政権による掌握が十分ではなかったため）、とくに大がかりな「国司」が、さまざまな注意事項をそえて派遣され、勤務状況についても厳しい評定が加えられたからと考えられる。

「改新詔」と評制の施行

評制の施行について考える際には、「改新詔」も重要な史料である。「改新詔」は、大化二年（六四六）の正月一日に発せられたとあり、四条から構成されているが、その第二条の凡条に、郡・郡司に関する規定が述べられている。「郡」は実際には「評」を指すから、その規定は、評制を施行するための規定ということになる。

凡《およ》そ郡は四十里を以て大郡とせよ。三十里より以下、四里より以上を中郡とし、三里を小郡とせよ。其の郡司には、並に国造の性識清廉《ひととなりたましいいさぎよ》くして、時の務《まつりごと》に堪《た》ふる者を取りて、大領《こおりのみやつこ》・少領《すけのみやつこ》とし、強《こわ》く幹《いさお》しく聡敏《さと》くして、書算に工《たくみ》なる者を、主政《まつりごとひと》・主帳《ふびと》とせよ。

これによれば、郡（評）を、そこに含まれる里の数によって大・中・小の三等級に分け、その郡司（評司）には、国造のなかから人格・能力を具《そな》えたものを選んで大領・少領（評の長官・次官）に任じ、聡明《そうめい》で読み書き計算にすぐれた人物を主政・主帳（評の判官《じょう》・主典《さかん》）に任じなさい、というのである。このとおりの規定が、当時実際に定められたとするならば、たしかに「大化改新」により国造は評の官人に任じられ、国造制は廃止されたということになる。

しかし、「改新詔」の凡条が、令の条文による潤色を受けていることは間違いなく、その内容の信憑性については検討の必要がある。この凡条に対応する養老令《ようろうりょう》の条文（大宝令の条文もほぼ同じであったと考えられる）は、次のとおりである。

戸令《こりょう》定郡条

凡そ郡は、二十里以下十六里以上を以て、大郡とせよ。十二里以上を上郡とせよ。八里以上を中郡とせよ。四里以上を下郡とせよ。二里以上を小郡とせよ。

選叙令《せんじょりょう》郡司条

凡そ郡司には、性識清廉にして、時の務に堪へたらむ者を取りて大領・少領とせよ。強く幹しく聡敏にして、書計に工ならむ者を、主政・主帳とせよ。其れ大領には外従八位上、少領には外従八位下に叙せよ。其れ大領、少領、才用同じくは、先《ま》づ国造を取れ。

「改新詔」凡条の前半は、戸令定郡条と対応し、前者が後者を参考にして書かれた可能性は高い。ただし、両者の内容には違いがあり、「改新詔」凡条における郡（評）の規模・等級についての規定は、令の条文からは作文できない独自の内容を持っている。そしてそれは、戸令に比べ大雑把《おおざっぱ》な区分であり、評制施行当初のものとしてふさわしい内容とみることができる。評制の施行にあたっては、当然その評の等級についての決まりが定められたはずであり、凡条前半部分の内容は、「大化」当時のものとして信頼してよいと考えられる。

「改新詔」凡条の後半は、郡司（評司）の任命についての規定であり、これが、選叙令郡司条を参考にして書かれたことは間違いない。そしてこの後半部分も、前半部分と同様、両者の内容に違いが存在する。「改新詔」の凡条では、郡司（評司）は国造のなかから任命せよとしているのに対し、選叙令郡司条では、国造であることが条件にされておらず、大領・少領は「才用」（能力）が同じであれば国造を優先的に任命せよ、と注で述べているにすぎない。

しかし、この場合は、内容に違いがあるからといって、凡条の内容を「大化」当時のものと考えてよいということにはならない。なぜならば、国造の数よりも評の数はずっと多かったと推定されるのであり、凡条の内容自体が現実に合わないからである。ここにいう「国造」を、国造その人を指すのではなく、国造の一族全体を指す用法と解釈すれば、必ずしも現実に合わないということにはならないかもしれない。ただ、先に述べたとおり、「東国国司詔」第一詔では、国造だけではなく地方伴造や稲置の調査も命じられており、評の官人の候補者には地方伴造や稲置も含まれていたと考えられる。実際、次節で取り上げる『常陸国風土記』の建郡（評）記事によれば、評の官人には国造以外の人物が任命されているのである。

評制の施行にあたっては、当然、評の官人の任命方法についても定める必要があったはずであるが、それは、「改新詔」凡条の内容とはかなり異なったものであったと考えられる。おそらくそれは、評の官人には国造・地方伴造・稲置の職にあった人物、およびその一族の人物から任命せよ、というような内容であったと推定される。「改新詔」凡条の後半部分は、国造の郡領への優先任用を規定する選叙令郡司条から安易に作成したため、このような現実に合わない規定となったのであろう。

なお、「改新詔」には、右の凡条のほかに、もう一ヶ所、「国造」の語がみえる。それは、第一条に、「昔在《むかし》の天皇等の立てたまへる子代の民・処々の屯倉、及び、別《こと》には、臣・連・伴造・国造・村首の所有《たもて》る部曲の民・処々の田荘を罷《や》めよ」とある部分である。

この記事からは、当時の国造が「部曲」（私有民）と「田荘」（私有地）を持っていた豪族であること、臣・連・伴造らとともに大和政権を構成した官人であることなどが知られるであろう。第一条は、「改新詔」の信憑性をめぐる議論において、とくに問題とされてきた部分であるが、筆者は、その内容については、「大化」当時のものとみてよいと考えている。(2)

「国司発遣詔」と評の設置

評制の施行過程を考えるうえで、大化二年（六四六）八月癸酉（十四日）条の後半部分に載る「国司発遣詔」と呼ばれる詔も重要である。

今発《た》て遣す国司、幷《あわせ》て彼《か》の国造、以て奉聞《うけたまわ》るべし。去年朝集に付けし政《まつりごと》は、前《さき》の処分の随《まま》にせむ。収め数ふる田を以ては、均《ひと》しく民に給へ。彼《かれ》と我《われ》と生《な》すこと勿《なか》れ。凡そ田給はむことは、其の百姓の家、近く田に接《つ》けたらむときには、必ず近きを先とせよ。此の如く宣《の》たまはむことを奉《うけたまわ》れ。

凡そ調《みつき》賦は、男の身の調《みつき》を収むべし。凡そ仕丁《してい》は、五十戸毎《ごと》に一人。国々の壃堺《さかい》を観て、或いは書にしるし或いは図をかきて、持ち来りて示《み》せ奉《まつ》れ。国県《くにこおり》の名は、来《もうこ》む時に将《まさ》に定めむ。国々の堤築くべき地、溝穿《ほ》るべき所、田墾《は》るべき間《ところ》は、均しく給ひて造らしめよ。当《まさ》に此の宣たまふ所を聞《うけたまわ》り解《さと》るべし。


この詔の前半部分では、「校田」の結果を受けて、田を人々に公平に班給することを命じている。「凡そ」にはじまる部分は、養老令に同様の条文があり、令文に基づく潤色が明らかであるが、内容的には「東国国司詔」第一詔と対応する独自性を持っている。

後半部分も、独自の具体的内容を持っており、その信憑性は高いと考えられる。「男の身の調」というのは、「改新詔」にいう「戸別の調」と矛盾するようにも思われるかもしれないが、「東国国司詔」や「改新詔」にいう「造籍」は、先に述べたとおり、納税義務を持つ成年男子の数を戸ごとに書きあげた程度の「造籍」と推定されるのであり、「男の身の調」も「戸別の調」も実質は同じである。「五十戸毎に一人」の仕丁の徴発も、この「造籍」によって可能である。

注目すべきは、後半部分の後半であり、ここで、「国司」に対して、任地に赴いて国々の境を調査し、文章に書いたり、図に描いたりして、中央に帰ってきたときに、それを提示しなさいと命じていることである。このことは、まさに評の設置を命じたものとみることができよう。そして、「国県」（クニ・コホリ）の名は中央で定めるとあり、コホリ（評）だけではなくクニ（国）もあげられているのは、評制の施行にともなって国造のクニの再編も行われたことを示すものと考えられる。

また、詔の最初に「今発て遣す国司、并て彼の国造、以て奉聞るべし」とあるのも注意されるところである。新たな任務は、派遣する「国司」だけではなく、現地の国造に対しても命じられているのであり、「改新詔」で廃止が決まっていたならば、その国造に、このような任務が命じられるとは考え難い。国造は、依然として地方行政の中心にあり、「国司」に協力すべき存在であったからこそ、このような詔が発せられたと考えられるのである。

大化二年三月甲申（二十二日）条には、種々の古い習俗を改めることを命じた長文の詔が載せられているが、その最後に、「凡そ畿内より始めて、四方の国に及《いた》るまでに、農作の月に当りては、早《すみやか》に田営《つく》ることを務めよ。美物と酒とを喫《くら》はしむべからず。清廉《いさぎよ》き使者を差して、畿内に告《のたま》へ。其の四方の諸国の国造等にも、善き使を択びて、詔の依《まま》に催し勤めしむべし」とあるのも注意される。勧農の命令を全国に伝えるにあたって、諸国には、国造に対して使者が遣わされているのである。ここにも、当時の国造が地方行政の中心にあったことがよく示されている。

大化二年正月の「改新詔」の段階で、国造の廃止が命じられたとはとうてい考えられないのである。

2 評制の施行と国造

「東国国司詔」第一詔の「国造」

「東国国司詔」は、当時の国造の具体的在り方について考えるうえでも重要な史料である。まず、第一詔についてみてみると、「国造」の語のみえるのは、次の二ヶ所である。

(1)京に上《のぼ》らむ時には、多《さわ》に百姓を己に従ふること得じ。唯《ただ》国造・郡領をのみ従はしむることを得む。

(2)若し名を求むる人有りて、元より国造・伴造・県稲置に非ずして、輙《たやす》く詐《いつわ》り訴へて言《もう》さまく、「我が祖の時より、此の官家《みやけ》を領《あずか》り、是の郡県を治む」とまうさむは、汝等国司、詐《いつわり》の随《まま》に便《たやす》く朝《みかど》に牒《もう》すこと得じ。審《つぶさ》に実《まこと》の状《かたち》を得て後に申すべし。

(1)は、「国司」らに対し、任務遂行の際の注意事項を述べた部分の一部で、「国司」らは京に帰還する際には、一般の人々を多く従えてはならない、ただ、「国造」「郡領」だけは、従えて帰って来てよい、としている。ここに「郡領」とあるのは、「律令制下の郡領（大領・少領）に相当するような人々」という意味、つまり「新しく設置する評の長官・次官」という意味で用いられていると考えられる。しかし、評は、これから設置するのであるから、ここでは「評の官人（長官・次官）の候補者」という意味で用いられているとみるべきであろう。

(2)も、任務遂行上の注意事項を述べた部分であるが、このような注意事項が述べられていることによって、このときの「国司」に対して、「地方行政の実情調査・報告」の任務の与えられていたことが判明する部分である。

これによれば、もともと「国造」・「伴造」（地方伴造）・「県稲置」（コホリの稲置）ではない者が偽って、「我が祖の時より、此の官家を領り、是の郡県を治む」と述べても、その偽りのままに報告してはならない、というのであるから、本来の国造・地方伴造・コホリの稲置らは、世襲的に「官家を領り」、「郡県を治む」存在であったということになる。国造にとっての「官家（ミヤケ）」は、国造（地方官）としての役割を果たす拠点（役所）であり、実際には、地方豪族としての自らの居宅（国造に任じられることによって、その居宅は「ミヤケ」と呼ばれるようになる）と考えられる。また国造にとっての「郡県」は、その管掌範囲である「クニ」を指すとみてよいであろう。

「東国国司詔」第二詔・第三詔の「国造」

「東国国司詔」第二詔において、「国造」の語がみえるのは、「集侍《うごなわりはべ》る群卿大夫及び臣《おみ》・連《むらじ》・国造・伴造、幷て諸の百姓等、咸《ことごとく》に聴《うけたまわ》るべし」という最初の部分のみである。これは定型化した文章であり、ここからは、国造の具体的在り方についてとくに窺うことはできない。

「東国国司詔」第三詔には、七ヶ所に「国造」の語がみえるが、一ヶ所目は、第二詔と同じく詔の最初の部分であり、その文章も、第二詔と同じ定型化した文章である。それを除いた六ヶ所を、次に引用しておく。

(1)今、朝集使及び諸の国造等に問ふ。国司、任に至りて、誨《おし》ふる所を奉るや不《いな》やと。

(2)其の介朴井連《すけえのい》・押坂連《おしざか》　並に名を闕《もら》せり。二人は、その上《かみ》の失《あやま》てる所を正さず。翻《かえ》りて共に己が利を求む。復、国造の馬を取れり。

(3)其の紀麻利耆拕《きのまりきだ》臣が犯せる所は、……国造の送る兵《つわものしろ》代の物を以て、明《あきらか》に主に還《かえ》さずして、妄《みだり》に国造に伝へたり。

(4)其の阿曇《あずみ》連　名を闕せり。が犯せる所は、和徳《わとこ》史が所患《うれい》有る時に、国造に言《もう》して、官物《かんもつ》を送らしむ。

(5)其の介膳部《かしわで》臣百依《ももより》が犯せる所は、……国造の馬を取りて、他《ひと》の馬に換えて来れり。

(6)是を以て、凡そ諸の国司、過《とが》の軽さ重さに随ひて考へて罰せむ。又、諸の国造、詔に違ひて、財《たから》を己が国司に送る。遂に倶《とも》に利を求む。恒《つね》に穢悪《あしきこと》を懐《いだ》けり。治めずはあるべからず。

(1)は、「朝集使」と上京してきた国造に対して、「国司」らが詔のとおりに任務を遂行したか否かを問う、と述べた部分である。これを受けて、「朝集使」や国造らによる「国司」の犯過についての詳細な報告が引用されていくのである。ここにいう「国造」は、第一詔において、「国司」らに対し「国造」「郡領」であれば従えて帰京してよいとされた国造であり、東国の国造のすべてではないと考えられるが、この記事からは、国造が「国司」の任務に関わり、その遂行ぶりをよく知る存在であったことが知られるであろう。

(2)〜(5)は、個々の「国司」グループの犯過についての報告のなかの文章であり、(2)と(5)は、「国司」が国造の馬を奪ったことを犯過としている。国造の馬というのは、国造が管理する公的な馬、つまり通信(早馬)・運搬などのために飼育されていた馬、とみるのが妥当であろう。第一詔において、「国司」らは公用のためであれば「部内の馬」に乗ってもよいとされているが、その「部内の馬」を提供していたのが国造であったと考えられる。ただ、「国造の馬」という表現からは、国造が私的に飼育していた馬と解することも可能であり、実態としては、国造の私的な馬も、管理している公的な馬も区別がつかない状態にあったと考えられる。

(3)は、国造が「武器の収公」に関わっていたことを示す記事である。第一詔では、兵器を集めて調査し、兵庫を建ててそこに収めよ、という任務が与えられたのであるが、蝦夷と境を接する地域については、兵器を調べたうえで元の持ち主に返却せよ、という命令であった。この記事は、国造が武器を集めて「国司」に送り、「国司」は本来ならばそれを元の持ち主に返さなければならないところ、国造に与えてしまった、ということを述べている。「国司」と国造の癒着が問題にされているのである。

(4)は、「国司」が国造に命じて「官物」を提供させたことを犯過としており、この記事からは、国造が「官物」を管理していたことが知られる。ここにいう「官物」の具体的中身は不明であるが、国造のもとに集積されていた物資が「官物」とされているのであり、国造を地方官とする認識がよく示されているといえよう。

(6)は、個々の「国司」グループについての犯過を総括した部分であり、国造のなかには詔に違反して「国司」に私財を贈り、共に利益を求めるものが多くいたことを示している。この記事からは、「国司」の任務は国造の協力によってはじめて遂行されるものであったことが窺えるであろう。

「東国国司詔」の国造関係記事からも、当時の国造がまもなく廃止されるような存在であったとは考えられないのである。

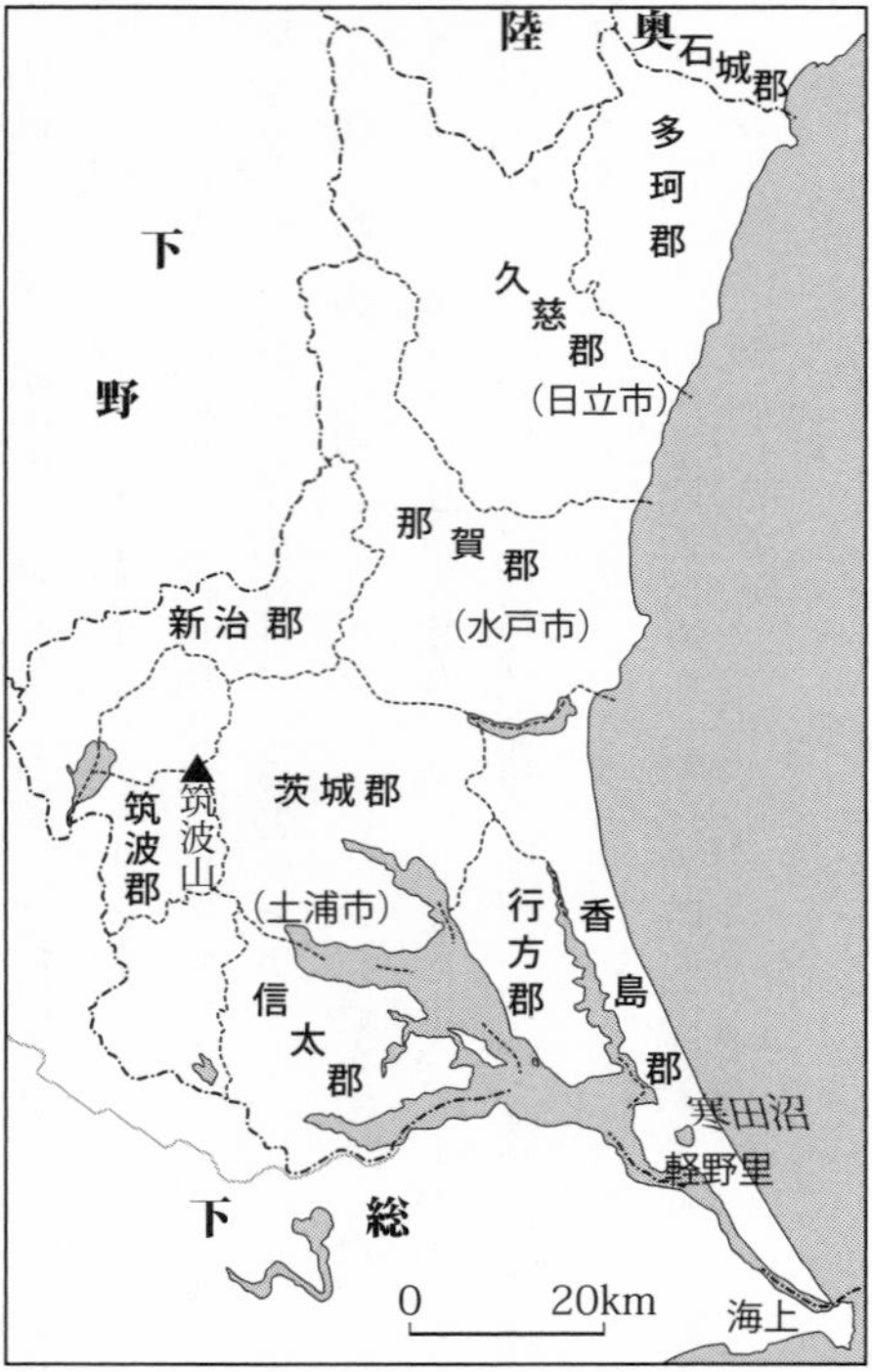

多珂・茨城・筑波・信太・行方・香島郡の地図

『常陸国風土記』の建郡（評）記事

評制の施行によって国造制が廃止されたのではないことは、『常陸国風土記』の建郡（評）記事にもよく示されている。律令制下の常陸国は、ほぼ現在の茨城県に相当する地域であるが、律令制以前の国造制下においては、新治国造・筑波国造・茨城国造・那賀（珂）

国造・久慈国造・多珂国造の六国造の国（クニ）に分かれていた。『常陸国風土記』は、郡ごとに記述されており、国造のクニの名を継承していない郡の場合は、その郡（評）の成立した経緯が、それぞれの冒頭部分に記されている。それらを掲げると次のとおりである。ただ、『常陸国風土記』は、完全な形で今日に伝えられているのではなく、信太《しだ》郡条の建郡記事は、『釈日本紀』に引用されて残る逸文である。

(A)行方《なめかた》郡条

古老のいへらく、難波の長柄《ながら》の豊前《とよさき》の大宮に駅宇《あめのしたしろ》しめしし天皇のみ世、癸丑の年、茨城の国造、小乙下《しょうおつげ》壬生《みぶ》連麿《まろ》・那珂《なか》の国造、大建《だいけん》壬生直夫子《おのこ》等、惣領《すべおさ》高向《たかむこ》の大夫・中臣《なかとみの》幡織田《はとりだ》の大夫等に請ひて、茨城の地八里と（那珂の地□里＊）と合せて七百余戸を割きて、別《わ》きて郡家《こおりのみやけ》を置けり。

＊諸本にこの部分を欠くが、前後の文章から判断して、ここに「那珂の地□里」の脱字があることは認められる。通説では「那珂の地七里」と補っている。

(B)香島《かしま》郡条

古老のいへらく、難波の長柄の豊前の大朝《おおみや》に駅宇しめしし天皇のみ世、己酉の年、大乙《だいおつ》上《じょう》中臣（　）子、大乙下中臣部兎子《うのこ》等、惣領高向の大夫に請ひて、下総《しもうさ》の国、海上《うなかみ》の国造の部内、軽野《かるの》より南の一里と、那賀の国造の部内、寒田《さむた》より北の五里とを割きて、別きて神の郡を置きき。

(C)信太郡条（『釈日本紀』巻十所引）

古老のいへらく、難波の長柄の豊前の宮に御宇《あめのしたしろ》しめしし天皇の御世、癸丑の年、小山《しょうせん》上《じょう》物部河内《かわち》・大乙上物部会津《あいづ》等、惣領高向の大夫等に請ひて、筑波・茨城の郡の七百戸を分ちて信太の郡を置けり。

(D)多珂郡条

古老のいへらく、……其の後、難波の長柄の豊前の大宮に臨軒《あめのしたしろ》しめしし天皇のみ世に至り、癸丑の年、多珂の国造石城直美夜部《みやべ》・石城評造部志許赤《しこあか》等、惣領高向の大夫に請ひ申して、所部遠く隔り往来便《たより》よからざるを以ちて、分《わか》ちて多珂・石城の二つの郡を置けり。

行方評の建評

まず、行方郡条の建評記事(A)についてであるが、これによれば、孝徳朝の癸丑年（白雉四年〔六五三〕）に、茨城国造小乙下壬生連麿と那珂国造大建壬生直夫子が、「惣領」の高向大夫と中臣幡織田大夫に申請して、茨城の地八里と那珂の地□里あわせて七百余戸を割いて、新たに「郡家」（コホリノミヤケ）を置いた（新しいコホリを建てた）のが行方郡（評）であるという。茨城国造小乙下壬生連麿の「小乙下」は、大化五年（六四九）制定の冠位十九階と天智三年（六六四）制定の冠位二十六階のいずれにもみえる冠位（律令制下の従八位下に相当）であるが、那珂国造大建壬生直夫子の「大建」は、天智三年の冠位二十六階にのみみえる冠位（律令制下の大初位に相当）であり、行方評が建てられた白雉四年には使用されていなかった冠位である。このことから、白雉四年の建評を疑う説もあるが、「那珂国造大建壬生直夫子」を最終的身分呼称と解釈すれば、建評年次を疑う必要はない。「癸丑年」と干支で記された年代は、信用できるとするのが一般的見方である。

そもそも、建郡（評）記事は、建評当時の記録をそのまま掲載したというような性格の記事ではなく、「古老のいへらく」として記されたものであり、そこに建評申請者が最終的身分で表記されるのは、むしろ当然のことと考えられる。「那珂国造壬生直夫子」に限らず、建郡（評）記事にみえる建評申請者の名は、そのすべてが最終的身分呼称であるとみてよいであろう。つまり、ここに「茨城国造」「那賀国造」という身分呼称がみられるということは、建評後も、それらの国造が存在していたことを示しているのである。

行方評建評により、茨城国造・那賀国造のクニは再編された（クニの範囲が変更された）と考えられるが、おそらく行方評は、その地理的関係からみて、建評後は茨城国造のクニに編入されたのであろう。

なお、『常陸国風土記』にいう「惣領」というのは、中央から派遣された地方官のことであり、『日本書紀』（孝徳紀）にいう「国司」に相当すると考えられる。具体的には、大化二年八月癸酉条の「国司発遣詔」で全国に派遣された「国司」のうち、常陸地方に派遣されたのが、「惣領」高向大夫と中臣幡織田大夫ということになる。

香島・信太・石城評の建評

次に、香島郡条の建評記事(B)であるが、これによれば、孝徳朝の己酉年（大化五年）に、大乙上中臣（　）子と大乙下中臣部兎子が、「惣領」の高向大夫に申請して、下総国の海上国造の部内から軽野より南の一里、那賀国造の部内から寒田より北の五里を割いて、新たに「神郡」（カミノコホリ、香島大神のためのコホリ）を置いたのが香島郡（評）であるという。「大乙上」「大乙下」は、いずれも大化五年の冠位と天智三年の冠位にみえ、律令制下の正八位上・正八位下に相当する。

「海上の国造の部内」「那賀の国造の部内」を割いて、という表現に注目するならば、この時点（大化五年）までは、海上国造や那賀国造のクニは評（コホリ）になっていなかったということになる。このことから、鎌田元一《かまたもとかず》は、大化五年を『皇大神宮儀式帳』にいう「天下立評」の年としたが、(3)『皇大神宮儀式帳』には「難波朝庭天下立評給時」とあり、「天下立評給時（天下に評を立て給ふ時）」というのは、特定の年次に求めるのではなく、「難波朝庭」（孝徳朝）という一定の期間を考えるべきであろう。

また、香島評は、海上国造の部内から一里、那賀国造の部内から五里を割いて建評されたというのであるから、当然この建評によって、那賀国造・海上国造のクニも再編されたはずである。おそらく、香島評は、那賀国造のクニに編入されることになったのであろう。

次に、信太郡条の建評記事Ⓒであるが、これによれば、孝徳朝の癸丑年（白雉四年）に、小山上物部河内と大乙上物部会津が、「惣領」の高向大夫らに申請して、筑波郡と茨城郡からあわせて七百余戸を分割して、信太郡（評）を置いたとある。「小山上」も大化五年の冠位と天智三年の冠位にみえ、律令制下の正七位上に相当する。

「筑波・茨城の郡」という表記に注目するならば、この時点（白雉四年）では、すでに筑波郡（評）・茨城郡（評）は成立していたことになる。筑波評は筑波国造のクニ、茨城評は茨城国造のクニに編入されていたのであろうが、信太評が、どちらの国造のクニに編入されたかは不明とせざるを得ない。

最後に、多珂郡条の建評記事(D)であるが、これは、多珂郡条に載せられてはいるが、多珂・石城の二郡（評）を分置したという記事である。孝徳朝の癸丑年（白雉四年）に、多珂国造石城直美夜部と石城評造部志許赤が、「惣領」の高向大夫に申請して、多珂の地は部内が遠く隔たり往来に不便なので、多珂・石城の二評に分けたというのである。

このときに、すでに評となっていた多珂評を多珂評と石城評に分けたとする解釈もあるが、建評記事の直前には多珂国造とそのクニのことが述べられており（第一章の3に引用）、多珂国造のクニが白雉四年に多珂評と石城評に分けられたと解釈するのが妥当であろう。そして、その後も多珂国造は存在したのであるから、多珂国造のクニは、依然として多珂評と石城評を合わせた範囲をクニとしていたということになる。

建評申請者と初代官人

『常陸国風土記』の建郡（評）記事においては、いずれの場合も、在地の二人の人物が、孝徳朝に、「惣領」の高向大夫らに申請して、郡（評）を建てたとある。そして、二人ずつあげられている建評申請者は、それぞれの評の初代官人（長官・次官）に任命された人物と推定される。[4]八世紀の郡領の名が知られる例はそれほど多くはないが、行方郡は壬生直氏、香島郡は中臣氏、信太郡は物部氏の人物が任命されており、郡領は世襲性の強い職であるから、これら八世紀の郡領の氏姓から、それぞれの評の建評申請者が、その評の初代官人に任じられたことが推定されるのである。

ただ、行方評の場合は、茨城国造と那珂国造が建評申請者であることから、それらの人物は、茨城評・那珂評の官人になったはずであり、初代行方評の官人には壬生直氏の別の人物が任じられたとみる説もある。しかし、「茨城国造小乙下壬生連麿」「那珂国造壬生直夫子」は最終的身分呼称であり、この二人は建評申請時には国造ではなく、国造になったのは行方評の官人を勤めたのちのことであった可能性も考えられる。

また、多珂・石城二評分置の記事については、多珂国造石城直美夜部が多珂評の長官、石城評造部志許赤が石城評の長官に任じられたとする解釈もある。しかし、国造のクニの名を継承しない郡（評）についての成立事情を述べる、という『常陸国風土記』の書き方からすれば、申請者の二人は、いずれも石城評の初代官人に任命されたとみるべきであろう。「多珂国造石城直美夜部」というのも最終的身分呼称であるから、美夜部は多珂国造と初代石城評の長官を兼任したか、あるいは石城評の長官を勤めたのちに多珂国造に任命されたかのいずれかであろう。「石城評造部志許赤」は、石城評の次官に任じられたのであるが、のちに長官となった可能性も否定できない。「石城評造部志許赤」というのは難解な人名表記であり、「石城評造 丈部《はせつかべ》志許赤」と、「丈」を補って読む説や、「石城評の造部志許赤」と、「石城評」で区切って読む説もある。「石城評造」を「部志許赤」（あるいは「丈部志許赤」）の肩書とみた場合、いうまでもなく「評造」は評の官人を指す呼称ということになる。

評の官人呼称としては、「評造」のほかにも、長官を指す「評督」「評督領」「督領」「督造」、次官を指す「助督」「助造」などが知られている。「評造」（コホリノミヤツコ）の呼称については、のちの「郡領」（コホリノミヤツコ）に相当し、評の長官および次官を指すとともに、両者を総称する呼称でもあるとする説[5]が妥当であろう。

なお、『常陸国風土記』の建郡（評）記事の信憑性については、その具体的内容から、一定の信憑性を持つことは明らかであり、一般的にも事実を伝えたものと考えられている。またそれは、前節でその内容の信憑性を確認した「東国国司詔」第一詔や、「改新詔」第二条の郡の等級規定などとも対応している。建評申請者＝その評の初代官人（評造）は、地方伴造であった人物が多いが（行方評は壬生部、香島評は中臣部、信太評は物部の地方伴造）、このことは、「東国国司詔」第一詔において、「国司」らに「地方行政の実情調査・報告」を命ずるなかに「伴造」の含まれていることと対応している。また行方評・香島評・信太評が「里」「戸」を単位に建評されていることは、「東国国司詔」第一詔において、「国司」らに「造籍」が命じられ、「改新詔」第二条で、郡（評）の等級が「里」数によって分けられていることと対応しているのである。

3　評制施行後の国造と国造制の廃止

評制施行後の地方制度

以上、本章では、評制の施行によって国造制は廃止されたのではない、ということを述べてきた。それでは、国造制はいつどのようにして廃止されたのであろうか。

評制の施行は、「東国国司詔」第一詔に示されるように、すべての人々の数を調査し、納税の対象者である成年男子の数を戸ごとに書き連ねた程度の「造籍」を準備段階として行うことを前提としていた。つまり、「戸」を単位に、全国の人々を評（コホリ）という統一した行政組織をもって掌握しようとしたのであり、その評は、「改新詔」第二条に示されるように「里」(サト)から構成されていた。そして、その「里」(サト)は、近年出土の木簡から、「里」と表記される以前は「五十戸」と表記されていたことが明らかになり、「五十戸」の官人(のちの里長)は、「五十戸造」と表記されたことも明らかになってきている。(6)

評制施行後の地方支配制度は、国造(クニノミヤツコ)—評造(コホリノミヤツコ)—五十戸造(サトノミヤツコ)という三段階の組織(クニ—コホリ—サト)であった。それまでの国造制下においては、第二章の2・3で述べたように、国造のクニの内部には、一豪族としての国造が直接支配する地域・集団のほかに、地方伴造や稲置に任じられた豪族の支配する地域・集団、さらにはそのいずれにも任命されていない豪族の支配する地域・集団が含まれていたと考えられるのであるが、評制は、それらのクニ内部の豪族を評の官人(評造)に任命し、それまで個々の地方伴造や、国造—稲置の組織を通して行われてきた中央への奉仕を、評という組織に統一して負担させるとともに、それまで奉仕の義務のなかったクニ内部の地域・集団も、評に編入した制度であった。

評制の施行により、国造自身の直接支配した地域・集団も評に編成されたのであり、その評の官人(評造)には国造の一族の人物が任命されたと推定される(国造の兼任の場合もあったであろう）。したがって、国造自身の役割・義務は軽減されたと考えられるが、その後も国造には、クニ内部のすべての評を統轄する役割や、評の範囲を超える貢納・奉仕における役割が期待され、義務づけられたのである。

斉明紀の国造関係記事

『日本書紀』には、評制施行後の斉明紀以降にも、あわせて八ヶ所に国造関係記事がみえる。斉明紀にみえる国造関係記事は、次の一ヶ所である。

(1)斉明五年（六五九）是歳条
出雲国造　名を闕《もら》せり。に命《おお》せて、厳神《いかしきかみ》の宮を修《つくら》しむ。狐《きつね》、於友《おう》郡の役丁の執《と》れる葛《かずら》の末を嚙《く》ひ断《た》ちて去《い》ぬ。又、狗《いぬ》、死人の手臂《ただむき》を言屋《いうや》社に嚙ひ置けり。

これは、出雲国造に命じて「厳神の宮」を修造させたという記事である。この記事からは、役丁を徴発して事にあたらせている行政官としての国造の姿が窺えるであろう。この出雲国造については、「新国造制」（律令制下における一国一員の地方神祇官としての国造）の存在を認める立場からも、旧来の国造が残されていた特殊な例とみるのがふつうである。「厳神の宮」については、出雲郡（評）の杵築《きづき》大社（出雲大社）とする説と、意宇《おう》郡（評）の熊野《くまの》大社とする説があるが、門脇禎二《かどわきていじ》は、この記事の後半部分からは、他郡の「厳神の宮」の造営に駆り出された於友郡（意宇郡）の役丁の不満や、その不穏な状況が読みとれるとし、杵築大社と解してこそ、その後半部分が意味を持ってくると指摘している。(7) そのとおりであろう。出雲国造は意宇郡（評）の地を本拠とするのであるが、この記事は、出雲国造が出雲国全体の長として、国内の他評（出雲評）の神社（杵築大社）の修造を命じられたという記事である。

天武紀の国造関係記事

斉明紀の次の天智紀には国造関係記事がみえないが、次の天武紀には五ヶ所に国造関係記事がみえる。

(2)天武五年（六七六）四月辛亥条
勅すらく、「……外国《げこく》の人、進仕《つか》へまつらむと欲《おも》ふ者は、臣・連・伴造の子、及び国造の子をば聴《ゆる》せ。唯《ただ》し以下の庶人と雖《いえど》も、其の才能長《いさお》しきのみは亦聴せ」とのたまふ。

⑶天武五年八月辛亥条

詔して曰はく、「四方に大解除《おおはらえ》せむ。用ゐむ物は、国別に国造輸《いだ》せ。祓柱《はらえつもの》は馬一匹・布一常。以外は郡司、各刀一口・鹿皮一張・钁《くわ》一口・刀子一口・鎌《かま》一口・矢一具・稲一束。且《また》戸《へ》毎《ごと》に、麻《お》一條《ひとたばり》」とのたまふ。

⑷天武十年（六八一）七月丁酉条

天下に令《のりごと》して、悉《ことごとく》に大解除《おおはらえ》せしむ。此の時に当りて、国造等、各祓柱《はらえつもの》奴婢《やっこ》一口《ひとり》を出して解除《はらえ》す。

⑸天武十二年（六八三）正月丙午条

詔して曰はく、「明神《あきつみかみと》御大八洲《おおやしましらす》倭《やまと》根子《ねこ》天皇の勅命をば、諸の国司と国造と郡司と百姓等と、諸に聴《き》くべし。

⑹朱鳥《しゅちょう》元年（六八六）九月丁卯条

僧尼、発哀《みねたてまつ》る。是の日に、百済王良虞《りょうぐ》、百済王善光《ぜんこう》に代りて、誄《しのびごとたてまつ》る。次に国々の造《みやつこども》等、参赴《もうでく》るに随ひて、各誄る。

(2)は、「外国の人」（畿外の人）が朝廷に官人として出仕する際の条件を述べた勅であり、ここの「国造」は、家柄としての国造（国造一族）のことを指している。したがって、この記事から、地方官としての国造の存在は主張できないのであり、「新国造制」の存在を認める立場からも、ここの「国造」は旧来の国造に関わらせて理解されている。

(3)は、諸国において「大解除」（大祓《おおはらえ》）を行う際の用物の提出を、国造・郡司らに命じた詔である。この詔が、養老令の神祇令《じんぎりょう》諸国条の「凡そ、諸国に大祓すべくは、郡毎に、刀一口・皮一張・鍬一口、及び雑《くさぐさ》の物等出せ。戸別に麻一条。其れ国造は馬一疋出せ」という規定（大宝令もほぼ同文であったと推定される）に継承されたことは明らかである。諸国大祓は、国司が主催し、国内の罪や災厄を祓う行事であるが、もともとは、国造が主催して、それぞれのクニにおいて行われていたハラへの神事であったと考えられる。それを、国司のもとでの国家的な祭祀に統一しようとしたのがこの詔であろう。そして、この詔からは、この段階において、なお国造が地域における祭祀の中心的役割を負わされていたことが窺えるのである。

「新国造制」の存在を認める立場からは、この国造を一国の祭祀を担当した「新国造」（一国一員の地方神祇官）とし、この頃までに「新国造制」が成立していたとみるのが一般的である。ここに「国別に国造」とあるのを「国別の国造」と読んで、令制国一国に一員の「新国造」と解するのである。しかし、令制国が成立するのは、後述のとおり、天武十二年から十四年にかけて行われた国境画定事業によってと考えられるのであり、この段階では未成立である。この段階の国は、国造の国（クニ）であり、「国司」（中央から地方へ派遣される官人＝宰＝ミコトモチ）は国造のクニ、およびそれをいくつか合わせた範囲を単位に派遣されていたと考えられる。

(4)も諸国の「大解除」（大祓）の記事であり、このときは、とくに国造に奴婢を出させたという記事である。大祓が国家による祭祀であることを、改めて示そうとした（強調しようとした）のであろう。

(5)は、詔の最初の呼びかけの部分である。詔の内容は、引用を省略したが、祥瑞《しょうずい》の重なったことを喜んで、有位者に禄《ろく》を給《たま》い、罪人を赦《ゆる》し、百姓の課役を免除する、というものである。ここに「国司と国造と郡司と百姓」とあるのは、国造が「郡司」（評司）より上位の地方官であったことを示している。

(6)は、長期にわたって行われた天武の殯宮《もがりのみや》儀礼（葬儀）の一部である。諸国の国造は、それぞれの地域を代表して、天武に誄《しのびごと》（死者を慕い、その霊に向かって述べる言葉）を奏上しているのである。

持統紀の国造関係記事

天武紀の次の持統《じとう》紀には、二ヶ所に国造関係記事がみえる。

(7)持統元年（六八七）十月壬子《じんし》条
皇太子、公卿・百寮人等幷せて諸の国司・国造及び百姓男女を率て、始めて大内《おおうち》陵を築く。

(8)持統六年（六九二）三月壬午条
過ぎます神郡、及び伊賀・伊勢・志摩《しま》の国造等に冠位を賜ひ、幷て今年の調役を免《ゆる》し、復《また》、供奉《つかえまつ》れる騎士・諸司の荷丁・行宮《かりみや》造れる丁の今年の調役を免して、天下に大赦す。

(7)も、(6)と同様、天武の葬儀に関わる記事で、皇太子（草壁《くさかべ》皇子）が公卿《くぎょう》・百寮・諸国司・国造および百姓を率いて、大内陵（天武の陵）を造り始めた、という記事である。これも、国造が地域を代表する存在であったことを示している。

天武・持統天皇陵

(8)は、持統天皇の伊勢行幸の際に功のあった関係者を褒賞したという記事である。ここに「神郡」とあるのは、伊勢神宮のために設置された「郡」(評)である度会評と多気評を指し、「神郡」とのみあっても、実際にはそれらの「郡」(評)の官人(評司)を指している。つまり、この記事は、それらの評司とともに、行幸路上の「伊賀国造」「伊勢国造」「志摩国造」が褒賞されたという記事である。ここからは、この段階における「伊賀国造」「伊勢国造」「志摩国造」の存在が知られるとともに、国造が行幸の際の接待を行っていたことが推定されるであろう。これらの国造も、旧来の国造と考えて問題ないのであるが、若干説明が必要なのは「伊賀国造」についてである。

『扶桑略記《ふそうりゃくき》』(平安時代末期に僧皇円《こうえん》によって著さ

那須国造碑（写真・笠石神社）

れた編年体の歴史書。神武天皇から堀河《ほりかわ》天皇までの記事がある）の天武九年（六八〇）七月条には、「伊勢の四郡を割きて、伊賀国を建つ」とあり、「国造本紀」の伊賀国造条にも、伊賀国は「難波朝御世、伊勢国に隷《つ》く。飛鳥朝代、割き置くこと故の如し」とある。これらによれば、伊賀国は天武九年に建てられた国であり、伊賀国造は新たに任命された「新国造」である、との反論が予想される。しかし、後述のとおり、天武九年段階では、旧来の国造制はなお存続していたと考えられるのであり、新しく伊賀国が建てられた場合も、そこに任命されるのは旧来の国造である。

なお、「国造本紀」に、伊賀国は「難波朝御世」（孝徳朝）に伊勢国に編入されたとあるのは、孝徳朝に評制が施行された段階で、国造制の再編も行われたことを示す具体例として注目できるであろう。

評制施行後における『日本書紀』の国造関係記事は以上のとおりであるが、『日本書紀』以外に、この時期における旧来の国造の存在を示す史料として、「那須《なす》国造碑」（栃木県大田《おお た》原《わら》市の笠石《かさいし》神社に現存する石碑）をあげることができる。那須国造は、のちの下野《しもつけ》国那須郡地域をクニとする国造であるが、碑文には、「永昌《えいしょう》元年己丑《きちゅう》四月、飛鳥浄御原《きよみがはら》大宮那須国造追大壱《ついだいいち》那須直韋提《いて》、評督を賜る……」とあり、永昌元年に、那須国造である那須直韋提が那須評の評督（長官）に任じられたというのである。永昌は唐《とう》の則天《そくてん》武后《ぶこう》の年号であり、永昌元年は持統三年（六八九）に相当する。律令制下の国に那須国は存在しておらず、この「那須国造」が旧来の国造であることは間違いない。

令制国の成立（国境画定事業）

中央から常置の官人が全国的に派遣されるという制度（律令制下の国司制につながる制度）がいつ成立したかは明確ではない。「大化」当時の「国司」（『常陸国風土記』にいう「惣領」）が、特定の目的（評制施行のための準備や、評の設置）のために派遣された臨時の派遣官であったことはすでに述べた。その後、天武紀上巻（壬申紀《じんしん》）にみえる「国司」関係記事によれば、その段階（壬申の乱の起きた六七二年の段階）では、すでに「国司」が全国的に派遣されていたことが推定される。おそらく、天智九年（六七〇）の庚午年籍の作成を契機に、全国に一定期間滞在する「国司」を派遣するということが行われるようになったのであろう。ただ、その段階の「国司」は、先にも述べたように、国造のクニを単位に派遣されたと考えられるのである。

そのようななかで、天武十二年（六八三）から十四年にかけて、国境画定事業が行われたのである。天武紀下巻には、その事業を次のように記している。

(1)天武十二年十二月丙寅《へいいん》条
諸王五位伊勢《いせ》王・大錦下《だいきんげ》羽田《はた》公八国《やくに》・小錦下多《おお》臣品治《ほんち》・小錦下中臣連大嶋《おおしま》、幷て判官《まつりごとひと》・録史《ふびと》・工匠者《たくみ》等を遣して、天下に巡行《ありき》て、諸国の境界《さかい》を限分《さか》ふ。然《しか》るに是年、限分ふに堪《あ》へず。

(2)天武十三年十月辛巳条
伊勢王等を遣して、諸国の堺を定めしむ。

(3)天武十四年十月己丑条
伊勢王等、亦東国に向《まか》る。因りて衣袴《ころもはかま》を賜ふ。

この国境画定事業は、それを専門に行うための官人集団（伊勢王を長官とする）が中央から派遣され、その集団が全国を巡行して行っていること、長期にわたった事業であること、集団には「工匠者」（技術者）も加わっていることなど、厳密な画定事業の行われたことが指摘できる。「大化」の時点で各「国司」（「惣領」）に命じられた「国々の壃堺を観て、或いは書にしるし或いは図をかきて、持ち来りて示せ奉れ」というのとは、明らかに段階を異にした画定事業であったと考えられる。地図上に一線をもって画することができるような国境は、この事業によって成立したとみてよいであろう。これが、「国司」の管掌範囲（行政区）としての国（令制国）の成立である。(8)

国造制の廃止

そして、この令制国の成立によって、国造制の廃止が決定されたと考えられる。国境画定事業が終わりに近づいた時点の、天武十四年（六八五）九月戊午《ぼご》条には、東海道はじめ諸道に使者を派遣して、「国司・郡司及び百姓の消息を巡察《み》しめたまふ」とあり、ここに「国造」の名はみえない。天武十二年正月丙午条の詔（前掲史料⑸）では、「国司と国造と郡司と百姓」とあったのに対し、「国造」の除かれていることが注意されるであろう。このことは、国境画定事業によって国造の廃止が決定されたことを示すものと考えられる。

また、天武紀十四年十一月丙午条に、次のような詔の載せられていることも注意される。

四方の国に詔して曰はく、「大角《はら》・小角《くだ》・鼓《つつみ》・吹《ふえ》・幡旗《はた》、及び弩《おおゆみ》・抛《いしはじき》の類は、私家に存《お》くべからず。咸《ことごとく》に郡家に収めよ」とのたまふ。

これは、大角など律令制下においては軍団に備えられるべきものとされている部隊装備（指揮用具や大型兵器）を、「私家」に置いてはならず、みな「郡家」（評家）に収めよ、と命じた詔である。ここにいう「私家」は、指揮用具や大型兵器を持つというのであるから、豪族層の居宅に限られるであろうが、国造制の廃止が決定された時点での詔ということに注意するならば、直接には国造の居宅を指しているとみるべきであろう。国造制の廃止が決定されたならば、国造の居宅を「私家」と呼ぶことに不自然さはない。この詔は、それまで国造に統率されていた軍事を、国造制の廃止を決定したことにより、評家に統率させるようにした詔と考えられるのである。

令制国が成立する以前からも、国造のクニを単位に中央から常置の官人が派遣されるようになれば、国造の役割（クニ内部の評を統轄し、評を超える範囲での貢納・奉仕に従事するという役割）は減少していたはずである。そしてついに、令制国の成立を契機に、その廃止が決定された、ということであろう。

ただ、廃止が決定された時点での現任の国造については、一斉にその職を解くというようなことはせず、その身一代に限っては、そのまま国造であることを認める方法がとられたと考えられる。国境画定事業の後にも国造が存在していること（前掲史料⑹⑺⑻の国造や那須国造など）は、そのことを示している。伝統的な地域の有力者である国造を、ただちにその職から解任するというようなことは、現実的ではなかったのであろう。現任国造が死去したのちには、後任の国造は任命しないという方法で、国造制は廃止されていったと考えられるのである。

また、国境画定事業についての⑶の記事からは、東国における事業が遅れたか、あるいは手間取ったことが推定されるであろう。東国は、国造制の施行も遅れ、評制施行の準備のための「国司」派遣も遅れたと考えられるのであり、このことも、それらと無関係ではあるまい。六、七世紀の東国は、中央政権の掌握度が低かったと推定されるのである。

第五章　律令制下の国造

1　令文の「国造」

神祇令諸国条の「国造」

養老令の条文に、「国造」の語がみえるのは、神祇令諸国条と、選叙令郡司条の二ヶ所である。これらの条文が大宝令においてもほぼ同文であったことは、『令集解《りょうのしゅうげ》』に引用される「古記《こき》」（大宝令の注釈）の文章から確かめられる。

神祇令諸国条の規定は、前章の3に引用したが、そこでも述べたように、それが、天武五年（六七六）八月辛亥条の詔（これも、前章の3に引用。(3)の記事）を継承した規定であることは明らかである。「新国造制」の存在を認める立場からは、神祇令諸国条に「国造」がみえることから、その国造を律令制下における一国一員の地方神祇官のような存在とみるのである。

しかし、天武五年の詔と神祇令諸国条には重要な違いが存在する。天武五年の詔では、「大解除」(大祓)の用物は国造が中心となって負担せよとしているのに対し、神祇令諸国条では、郡司が負担者の中心であり、国造は最後に「付け足し」のような形であげられているにすぎない(1)。

これらの「国造」を「新国造」と解するならば、なぜ両者にこのような違いがあるのか、その説明がつかないであろう。両者の違いは、天武五年の詔は、国造制が廃止されていない段階の詔であるのに対し、神祇令諸国条は、国造制の廃止後に定められた規定であり、しかも国造制の廃止が決定された天武末年段階の現任国造が、まだ相当数生存しているという状況で定められた規定である、と考えてこそ、うまく説明できるであろう。

大宝令が定められた当時(七〇一年)は、国造制の廃止が決定された天武朝末年(六八三〜六八五年)から数えて一五年ほどであり、いまだ生存している国造が少なくなかったと推定される。筆者は、そのような国造を「生き残りの国造」と呼んでいる。天武五年の詔の

「国造」も、神祇令諸国条の「国造」も、旧来の国造と考えて問題ないのである。

なお、『令集解』神祇令諸国条の「其れ国造は馬一疋出せ」についての諸説（「穴《あな》記《き》」「令《りょう》釈《しゃく》」「跡《あと》記《き》」など）は、この「国造」を一国一員の官職としての国造と解しているが、いずれも国造の欠けている場合が想定されており、その場合に馬をどうするかが議論の中心である。これらの諸説の成立は、延暦年間（七八二～八〇五年）ないしそれ以降と考えられており[2]、『令集解』諸説の議論は、その頃には、国造の欠ける場合の多かったことを示しているといえよう。

選叙令郡司条の「国造」

選叙令郡司条の規定は、前章の1で引用したが、「国造」の郡領への優先任用を注記の形で定めている。

この「国造」についても、「新国造」とする説があるが、ここも、旧来の国造に関わらせて理解するべきであろう。一国一員の「新国造」が制度として存在したとするならば、その「新国造」を特定の郡の郡領に任ずるということは、「左遷」ということになり、優先規定としての意味をなさない。

一方、この「国造」を、旧来の国造その人と解することもできないであろう。なぜならば、そのように解したならば、この注記規定は、きわめて限られた場合の規定ということになり、これもまた現実的な意味を持たないからである。この注記規定の「国造」は、旧来の国造を出していた一族全体を指す「国造」と解してこそ、はじめて現実的意味を持った規定になるといえよう。そして、大宝二年（七〇二）に国造氏が定められているのは、大宝令で国造一族の郡領への優先任用を規定したため、その一族を公的に認定する（国造氏を定める）必要があったからと考えられるのである。

ただし、『令集解』選叙令郡司条の「先づ国造を取れ」についての「古記」によれば、この「国造」は「国造の人」（国造その人）のことであり、国造氏ではないとされている。『令集解』に引用される諸説は、現実から離れた議論を行うことが多いが、大宝令の注釈である「古記」については、天平十年（七三八）頃の成立で、その議論は一定の現実味を持っているとみられている。[3]「古記」の解釈を、無視することはできないであろう。

「古記」の文章とその意味

「先づ国造を取れ」についての「古記」の文章は難解である。まずは原文を、いくつかの段落に分け、符号を付して引用しておこう。

(a)先取国造、謂必可被給国造之人。所管国内不限本郡、非本郡任意補任。以外、雖国造氏不合。
(b)問。不在父祖所任之郡、若為任意補任。答。国造者一国之内長、適任於国司、郡別給国造田。所以任意補充耳。
(c)問。国造才用劣者若為処分。答。未定国造、依才能任他人。已訖後定国造、若有所闕者、才能雖劣、先用国造也。一云、不合。若才用劣者、猶在国造耳。
(d)問。国造叙法若為。答。臨時処分耳。但与大領同位以上耳。

(a)部分については、次のような意味に解釈できる。
「先取国造」というのは、必ず国造の人に（郡領職を）給うべきであるということであり、（その国造の人は）所管の国内であれば本郡（本拠地にあたる郡）に限らず、非本郡であっても任意に（郡領に）補任される。（国造の人）以外は、国造氏の人々であっても、（郡領への優先任用は）かなわない。

この解釈に対し、「必可被給国造之人」と「国造氏」を同義とし、「以外」は所管の国以外のこととする説もある。この説では、郡領への優先任用を認められたのは国造氏の人々であり、国内のどの郡の郡領にでも補任されるが、国造氏の人々でも他国の郡の郡領には優先任用されない、という意味に解釈される。[4] しかし、(b)以下においては、国造その人の郡領への補任が問題にされているのであり、「古記」が郡領に優先任用されるのを、国造その人と解釈していることは間違いない。

次に(b)部分であるが、ここは、「答」がとくに難解である。「適任於国司」とあるのは、このままでは意味が通らないとして、「国司」を「国造」あるいは「郡司」の誤りとみるのが一般的である。たしかに、ここでは郡司の補任が問題にされているのであるから、「国司」は「郡司」の誤りである可能性は高いと思う。また、国造田というのは、後述のとおり、国造に支給された田地で、国造の本拠地にあたる郡に設置されていたと考えられる。したがって、(b)部分は、次のような意味に解釈できるであろう。

問い。父祖代々（郡領に）任じられている郡（本郡）でないのに、どうして任意に（郡領に）補任されるのか。答え。国造は一国の内の長であり、たまたま（本郡でない郡の）郡司に任じられても、別の郡（本郡）に設置されている国造田は給される。ゆえに任意に補し充てられるのである。

「適任於国司」については、「適」は本来「過」とあり、「国司」は「国司」のままに読むべきであるとの説もある。(5) この説では、「過任於国司」の部分は、「（国造に任ずることは）国司に任ずることよりまさっている」という意味に解釈されている。しかし、「古記」が国造の任を国司にまさるものとみていたとは考え難く、またこの読みでは、続く「郡別給国造田」とのつながりが悪くなってしまうであろう。「過」は、やはり従来読まれてきたとおり「適」でよいと考えられる。「国司」のままに読むべきであるという指摘は重要であるが、その場合は、「適に（ままに・まさに）国司に任せて」というような解釈も可能であろう。

また、「郡別給国造田」の「郡別」は、ふつうは「郡ごとに」の意味に解釈されるのであり、それを、「別の郡」（あるいは「郡を別にして」）の意味にとるべきかもしれない。ただ、ここは、「国造の本郡ごとに」の意味にとることには問題もあろう。いずれにせよ、この部分の要旨は、「国造は一国の内の長であるから、本郡以外の郡の郡領に任じられた場合も、本郡に設置されている国造田は給される」という意味であると考えられる。

次に、(c)部分については、次のような意味に解釈できるであろう。

問い。国造の才用が劣っている場合はどうするのか。答え。いまだ国造を定めていなければ、才能によって他の人を（郡領に）任ずる。すでに国造を定め終わったのち、もし（郡領を）欠くことがあれば、才能が劣っていても国造を（郡領に）優先任用する。しかし一にいうには、そうではなく、もし才用が劣っていたら、なお国造のままにあるのみである。

最後の(d)部分については、とくに問題はなく、次のような意味である。

問い。国造の叙位の方法はどうなっているのか。答え。臨時の処分である。ただし大領と同位以上に叙されるのである。

「古記」の解釈

右にみてきたように、「古記」は、選叙令郡司条の注記規定の「国造」を、国造氏ではなく国造その人と解していることは明らかである。しかし、「古記」の解釈が、この部分の法意を正しく伝えているとは限らないのである。すでに多くの指摘があるとおり、この場合は、「古記」の誤解と考えてよいであろう。(6)「古記」が、(a)部分において、「国造の人」と対比させて、ことさら「国造氏」のことをあげているのは、この部分の「国造」を「国造氏」とする解釈も成立し得ることを、「古記」自身が認めていることを示している。

また、「古記」が(c)部分において、国造の定まっていない場合を想定していることも注意される。「古記」が成立した天平十年（七三八）頃には、「生き残りの国造」も、そのほとんどが死去し、現実には出雲国造と紀伊国造しか存在しないという状況にあった（この点については後述する）と考えられるからである。

なお、「先づ国造を取れ」についての「古記」以外の諸説も、「古記」同様、この「国造」を、国造その人と解している。やはり、法意を誤解した解釈といえるが、そのなかで注意したいのは、「穴記」の問答に、「問。国造本興如何。答。古昔、无二国司一而只有二国造一、治二一国之中一。郡別、任二大少領一耳」（問う。国造の本来の起こりは、どのようなものか。答え。昔は、国司がなくただ国造だけがあって一国のなかを治めていた。そしてその国のなかに、郡ごとに大少領が任命されたのである）とある点である。これは、評制下において、常置の「国司」（国宰）が設置される以前は、国造がクニを統轄し、そのクニ内部の評ごとに評造が任命されていた、ということを述べていると考えられる。もちろん「穴記」の解釈にすぎないが、そこに事実が反映されている可能性は否定できないと思う。

以上、令の条文における「国造」は、いずれも旧来の国造に関わらせて解釈するべきであることを述べた。令の条文に「国造」の語がみえるからといって、令制国一国一員の「新国造」が制度的に存在したということにはならないのである。「新国造」（律令制下における官職としての国造）が制度的に存在したならば、当然それは、神祇令や選叙令にみえるだけではなく、官位令や職員令（官員令）にも規定されているはずである。しかしそこに、「国造」の名はみえないのである。

2 律令制下の「国造」の実態

遥任の国造

大宝令制定以降の国造の実例を掲げたのが表㈣である。後述のとおり、出雲国造と紀伊国造は特殊な存在と考えられるため、それ以外の国造は、表の番号を○で囲ってある。

出雲・紀伊国造を除くと、最初の国造任命記事は、大宝令制定以来半世紀近くが経過した天平十九年（七四七）三月戊寅（三日）条の尾張国国造尾張宿禰《すくね》小倉《おくら》の例（表の⑩）である。『続日本紀』は、六位以下の人物の任命記事を載せないのが原則であるから、任命記事がないからといって任命が行われていなかったということにはならない。

しかし、小倉は当時命婦《みょうぶ》（中央の女官）で、従五位下から従四位下に昇叙するとともに尾

表(四)　律令制下の国造

国造名	人名	年月日	記事	出典
①摂津国造	凡河内忌寸石麻呂	慶雲三(七〇六)・十・十二	叙位	『続日本紀』
②山背国造	山背忌寸品遅	〃三(七〇六)・十・十二	叙位	〃
3出雲国国造	出雲臣果安	霊亀二(七一六)・二・十	神賀事を奏す	〃
④大倭国造	大倭忌寸五百足	養老七(七二三)・十・二十三	賜物	〃
⑤阿波国造	粟凡直弟臣	〃七(七二三)		「阿波国造碑」
6出雲国造	出雲臣広嶋	神亀元(七二四)・正・二十七	神賀辞を奏す	『続日本紀』
		〃三(七二六)・二・二	献物	〃
		天平五(七三三)・二・三十		『出雲国風土記』
		〃五(七三三)・八・二十		『寧楽遺文』
		〃十(七三八)・二・十九	叙位	『続日本紀』
7紀伊国造	紀直摩祖	神亀元(七二四)・十・十六	国造任命	〃
8紀伊国造	紀直豊嶋	天平元(七二九)・三・二十七	国造任命	〃
9出雲国造	出雲臣弟山	〃十八(七四六)・三・七	国造任命	〃
		天平勝宝二(七五〇)・二・四	神斎賀事を奏す	〃
		〃三(七五一)・二・二十二	神賀事を奏す	〃
⑩尾張国国造	尾張宿禰小倉	天平十九(七四七)・三・三	国造任命	〃
⑪粟(阿波)国造	粟直若子	天平勝宝四(七五二)、同五・五	(国造姓の可能性もあるか)	『大日本古文書』
⑫吉備国造	上道朝臣斐太都	天平宝字元(七五七)・閏八・八	国造任命	『続日本紀』
13出雲(国)国造	出雲臣益方	〃八(七六四)・正・二十	国造任命	〃
		神護景雲元(七六七)・二・十四	神賀事を奏す	〃
		〃二(七六八)・二・五	神賀事を奏す	〃

14(紀伊国造)	紀直国栖	天平神護元(七六五)・十・二十二	叙爵(国造とは明記されていない)	『続日本紀』
⑮備前国国造	上道朝臣正道	神護景雲元(七六七)・九・二十三	卒す(⑫の上道朝臣斐太都と同一人物であろう)	〃
⑯武蔵国国造	武蔵宿禰不破麻呂	〃　元(七六七)・十二・八	国造任命	〃
⑰陸奥国大国造	道嶋宿禰嶋足	〃　元(七六七)・十二・八	大国造任命	〃
		〃　三(七六九)・三・十三	陸奥国の人の賜姓を請う	〃
⑱陸奥(国)国造	道嶋宿禰三山	〃　元(七六七)・十二・八	国造任命	〃
⑲相模国国造	漆部直伊波	〃　二(七六八)・二・三	国造任命	〃
⑳伊勢国国造	伊勢朝臣老人	〃　二(七六八)・六・六	国造任命	〃
㉑常陸国国造	壬生宿禰小家主	〃　二(七六八)・六・六	国造任命	〃
㉒美濃国国造	美濃直玉虫	〃　二(七六八)・六・六	国造任命	〃
㉓上野国国造	上野佐位朝臣老刀自	〃　二(七六八)・六・六	国造任命	〃
㉔大和国造	大和宿禰長岡	〃　三(七六九)・十・二十九	卒す	〃
㉕因幡国国造	因幡国造浄成女	宝亀二(七七一)・十二・十四	国造任命	〃
26出雲(国)国造	出雲臣国上	〃　四(七七三)・九・八	国造任命	〃
㉗丹後(国)国造	丹波直真養	延暦二(七八三)・三・十三	国造任命	〃
㉘阿波(国)国造	粟凡直豊穂	〃　二(七八三)・十二・二	国造任命	〃
㉙飛騨(国)国造	飛騨国造祖門	〃　二(七八三)・十二・二	国造任命	〃
30出雲国国造	出雲臣国成	〃　四(七八五)・二・十八	神吉事を奏す	〃
		〃　五(七八六)・二・九	神吉事を奏す	〃
㉛美作備前(二国)国造	和気朝臣清麻呂	〃　七(七八八)・六・七	磐梨郡の建郡などを求む	〃
		〃　十八(七九九)・二・二十一	薨ず	『日本後紀』

32出雲(国)国造	出雲臣人長	延暦九(七九〇)・四・十七	国造任命	『続日本紀』
		〃　十四(七九五)・二・二十六	叙位	『類聚国史』
		〃　二十(八〇一)・閏正・十六	神賀事を奏す(出雲臣人長とは明記されていない)	〃
33紀伊国造	紀直五百友	〃　九(七九〇)・五・八	国造任命	『続日本紀』
㉞駿河(国)国造	金刺舎人広名	〃　十(七九一)・四・十八	国造任命	〃
㉟武蔵(国)国造	武蔵宿禰弟総	〃　十四(七九五)・十二・十五	国造任命	『類聚国史』
㊱陸奥国大国造	道嶋宿禰御楯	〃　二十一(八〇二)・十二・八	大国造任命	〃
37紀伊(国)国造	紀直豊成	〃　二十三(八〇四)・十・十二	奉献	『日本後紀』
38出雲国造	出雲臣門起	〃　二十四(八〇五)・九・二十七	叙位	〃
39出雲国造	出雲臣旅人	弘仁二(八一一)・三・二十七	叙位	〃
		〃　三(八一二)・三・十五	神賀辞を奏す	〃
40出雲(国)国造	出雲臣豊持	天長三(八二六)・三・二十九	国造任命	『類聚国史』
		〃　七(八三〇)・四・二	叙位	〃
		〃　十(八三三)・四・二十五	神寿を奏す	『続日本後紀』
㊶壱岐嶋造	壱岐直戈麻呂	〃　五(八二八)・正・二十	嶋造任命	『類聚国史』
42紀伊(国)国造	紀宿禰高継	嘉祥二(八四九)・閏十二・二十一	国守と争う	『続日本後紀』
㊸安房国国造	伴直千福麻呂	〃　三(八五〇)・六・三	叙位	『文徳天皇実録』

＊年代順に掲げたが、同一国造(人物)が二度以上みえる場合はまとめて記した。出雲国造・紀伊国造以外は番号を○で囲った。

張国国造に任命されたというのである。小倉の場合は、尾張国出身の女官が本国の国造に任じられたという例であり、いわば遥任《ようにん》（地方官に任命されても任地に赴かずに都にいること）の国造である。「新国造」（令制国一国一員の地方神祇官）が存在したとするならば、小倉はその役割を果たすことができない実質のない国造ということになる。制度としての「新国造制」の存在を認める立場においても、この頃になると、「新国造制」は実態のないものになっていた（あるいは廃止されていた）と考えられている。

これ以降、『続日本紀』には国造任命記事がしばしば登場するが、それは、神護景雲元年（七六七）十二月甲申（八日）条に三例（⑯⑰⑱）、同二年六月戊寅（六日）条に四例（⑳㉑㉒㉓）、延暦二年（七八三）十二月甲辰《こうしん》（二日）条に二例（㉘㉙）というように、同時に複数の国造の任命される例が目立つ。ほかの任命記事を含めても、称徳《しょうとく》朝・桓武《かんむ》朝に著しく偏在することが指摘できるのであり、しかもそれらの多くは、遥任の国造である。このような国造任命が可能なのは、国造が一般的には存在していなかったからである。高嶋弘志《たかしまひろし》は、これらの国造を、実質をともなわない名誉職的存在であったとし、その多くが、橘 奈良麻呂《たちばなのならまろ》の変（七五七年）や恵美押勝《えみのおしかつ》（藤原仲麻呂《なかまろ》）の乱（七六四年）などの政変で何らかの功績のあった者、ないし天皇の特別な寵愛《ちょうあい》を受けた者であるとして、これらの国造の任命は、「特殊な

「功績」に対する特異な論功行賞」であったと述べている。[7]

尾張宿禰小倉が尾張国国造に任じられた天平十九年頃には、国造制の廃止が決定された天武末年段階の現任国造（「生き残りの国造」）も、すでに六〇年以上が経過しており、ほとんどが死去していたと考えられる。このような状態になったことによって、はじめて「特殊な「功績」に対する特異な論功行賞」としての国造任命が可能になったのである。

「生き残りの国造」

それに対して、表㈣の①摂津国造凡河内忌寸《いみき》石麻呂《いわまろ》、②山背国造山背忌寸品遅《ほんち》、④大倭国造大倭忌寸五百足《いおたり》、⑤阿波《あわ》国造粟凡直弟臣《あわのおおしのあたいおとおみ》など、八世紀のはじめに国造として名のみえる人物は、「生き残りの国造」と考えられるであろう。天平十九年（七四七）以降の実質のない名誉職的国造が「某国国造」と表記されるのに対し、これらの国造は「某国造」と表記されており（ただしそれぞれに例外はある）、表記に違いのあることも注意されるところである。また、年代が確定できないので、この表には載せていないが、平城宮《へいじょうきゅう》跡の和銅《わどう》三～八年（七一〇～七一五）頃に掘られた溝から出土した木簡の一つに、「尾張国造」と記した木簡がある（『平城宮木簡』七―一二七四八）。この木簡の「尾張国造」も、「生き残りの国造」とみてよいであろう。

①の摂津国造凡河内忌寸石麻呂については、摂津国は令制国であり、石麻呂は令制国一国一員の「新国造」とみるべきであるとの反論があるかもしれない。しかし、「摂津国」の名は、天武紀四年（六七五）二月癸未条にみえており、それ以前に成立していたと推定されるのであり、国造制が廃止される以前に設置された摂津国の国造には、いうまでもなく旧来の国造が任命されたのである。

このような「生き残りの国造」についての記事も、『続日本紀』神亀《じんき》四年（七二七）十一月己亥《きがい》条の、大倭忌寸五百足（④の国造）が高齢によって賜物にあずかったという記事以降は、史料上にみえなくなる。国造制の廃止が決定されてから神亀四年まで、すでに四〇年以上が経過しており、当然のことといえよう。

国造田について

ここで、国造田について取り上げておこう。先に引用した「古記」の文章によれば、国造に支給される田地として国造田の存在したことが知られるが、国造田についてのもっとも古い時期の史料がこの「古記」である。そして「古記」には、もう一ヶ所、田令郡司職分田《しきぶでん》条

「郡司職分田」に、「古記に云う。輸租《ゆそ》なり。射《しゃ》田、国造田、采女田《うねめでん》また同じ」と、国造田のことがみえている。これらによれば、「古記」が成立した天平十年（七三八）頃には国造田が存在し、それは郡司職分田と同じく輸租田であったということになる。

また、『令集解』田令田長条「町租稲廿二束《にじゅうに》」の「令釈」が引く「民部例《みんぶれい》」（八世紀後半の成立と考えられている）によれば、国造田には闕《けつ》国造田（国造が任命されていない国造田）と見任《げんにん》国造田（現に国造が任命されている国造田）があり、闕国造田は輸地子《ゆじし》田であり、見任国造田は輸租田であるとされている。つまり律令国家は、現任の国造に支給された国造田は輸租田として国造に租を納入させ、国造の任命されていない国造田は公田として百姓に賃租《ちんそ》し、地子（地代、収穫の五分の一とされた）を納入させたのである。八世紀後半段階においては、国造は出雲国造と紀伊国造のほかは、名誉職的な国造が存在しただけであるから、ほとんどが闕国造田となっていたはずである。

そして、『別聚符宣抄《べつじゅうふせんしょう》』に載せられる延喜十四年（九一四）八月八日の太政官符《だじょうかんぷ》からは、当時、輸地子田（すなわち闕国造田）が全国的（四三ヶ国）に存在し、それらは国ごとに六町ないしその倍数設置されていたことが知られる。国造田の数は、その国内に存在する国造氏の数にほぼ対応しており、国造田は本来、国造のクニ単位に六町ずつ設置されていたことが推定される（表㈤参照）。

　延喜十四年のこの官符では、それらの国造田の地子を正税《しょうぜい》（地方政治の財源）に混合したのであるが、そのことは、実質を失っていた国造田の廃止を意味する。この官符の出された段階で、国造田がほぼ闕国造田になっていたのは当然のことである。出雲国造・紀伊国造の国造田は見任国造田であるから、もちろん、この官符にはみえない。

　国造田は、おそらく「大化改新」後のある時期に、国造の「職分田」として、そのクニごとに六町ずつ、国造の本拠としている評（郡）に設置されたものと考えられる。そして、天武末年に国造制の

表（五）　国造田の分布と国造氏

国名	国造田	「国造本紀」にみえる国造（国造氏）名
伊勢	七町	伊勢
尾張	六町	尾張
参河	四町六段	参河・穂
遠江	一三町	遠淡海・久努・素賀
駿河	六町	珠流河・盧原
伊豆	六町	伊豆
相模	一二町	相武・師長
武蔵	一二町	无邪志・（胸刺）・知々夫
上総	一八町	須恵・馬来田・上海上・伊甚・武社・菊麻
下総	一八町	印波・下海上
常陸	三六町	新治・筑波・茨城・仲・久自・高
近江	八町	淡海
美濃	二四町	額田・三野前・三野後
飛騨	六町	斐陀
信濃	六町	科野
下野	六町	下毛野・那須
若狭	六町	若狭
越前	六町	三国・角鹿
加賀	一一町	加我・（加宜）・江沼
能登	六町	能等・羽咋
越中	一二町	伊弥頭
丹後	六町	丹波

因幡	六町	稲葉
伯耆	五町	波伯
石見	一二町	石見
隠岐	一町八段	意岐
播磨	六町	針間・針間鴨・明石
美作	六町	（美作）
備中	一八町六段	下道・加夜・笠臣・吉備中県
備後	一八町	吉備穴・吉備品（風）治
安芸	六町	阿岐
長門	六町	穴門・阿武
淡路	六町	淡道
讃岐	六町	讃岐
伊予	六町	伊余・久味・小市・怒麻・風速
土佐	一一町五段	都佐・波多
筑前	六町	竺志米多
筑後	一二町	筑志
豊前	六町	豊・宇佐
肥前	六町	松津・末羅
肥後	一九町	火・阿蘇・葦分・天草
日向	六町	日向
壱岐	六町	伊吉嶋
（丹波）	六町	
（備前）	六町	大伯・上道・三野

＊末尾に掲げた（丹波）・（備前）は延喜十四年八月八日の太政官符にはみえないが、『延喜式』巻二十八兵部省射田条によって知られる。

廃止が決定されたのちも、「生き残りの国造」（および出雲国造と紀伊国造）に対しては、見任国造田（輸租田）として支給され、「生き残りの国造」が死去していったのちも、それらは廃されることなく闕国造田（輸地子田）として残され、延喜十四年の官符で最終的に廃止された、という経緯が考えられるのである。

なお、国造田の六町という広さは、郡司大領の職分田と同じ広さであり、これらは、国司の職分田と比べてかなり広いことが指摘できる。国司の職分田は、大国の守《かみ》（長官）でも二町六段である。また、国司の職分田が不輸租であるのに対し、国造田や郡司職分田は輸租である。

律令国家は、「公地公民」を原則とし、国造・郡司にも職分田を支給することにしたが、現実には、在地豪族としての国造や郡司の私的土地所有を否定するのは困難であったため、国造・郡司には広い職分田を支給し、輸租としたのであろう。それは、原則と現実とのすり合わせをはかった方策であったと考えられる。

「国造兵衛」と「国造丁」

『類聚三代格《るいじゅうさんだいきゃく》』巻四に載る延暦十七年（七九八）六月四日の太政官符には、「国造兵衛《こくぞうひょうえ》」という語がみえる。この官符は、同年三月十六日に郡領の任用における譜第（世襲任用）を停止し、同時に「国造兵衛」も停止したのを受け、すでに国造を兵衛に補任した場合については、その者の兵衛としての労は矜《お》しむべきであるから、そのまま兵衛であることを認めるが、「国造」の名は除きなさい、と命じたものである。同じことは、『類聚国史《るいじゅうこくし》』巻十九にもみえている。

兵衛というのは、宮内の宿衛や天皇身辺の警護などを任務とした武官で、左右の兵衛府にそれぞれ四百人が所属し、そのうちの半数は、郡司の子弟で弓馬に巧みな者から選ばれることになっていた。そして、八世紀の郡領の任用においては、郡領子弟→兵衛出仕→郡司任用

という コースが一般的であったと考えられている。(8) そのようななかで、桓武天皇の地方政治刷新策の一環として、郡領任用における譜第が停止されたのである。そのことにより、なぜ、「国造兵衛」の「国造」の名を除くという措置がとられたのであろうか。

ここにいう「国造」を「新国造」とするならば、一国一員の国造が兵衛に補任されるということになり、いかにも不自然であろう。「国造兵衛」の「国造」も、選叙令郡司条の「国造」と同様、国造氏を指しているとみるべきであり、国造氏出身の兵衛を「国造兵衛」と称したのである。譜第の停止とともに「国造兵衛」の「国造」の名が除かれたのは、選叙令郡司条に「国造」(国造氏)の優先任用が規定されている以上、「国造」の名を除かなければ、譜第の停止(才用による任命)が徹底しないからであろう。

「国造兵衛」の「国造」と同じ用法として、『万葉集《まんようしゅう》』巻二十の防人の歌の作者記載にみえる「国造」「国造丁」があげられる。この「国造」「国造丁」は、防人集団の長である「上《じょう》丁《てい》」が国造氏から選ばれた場合、その上丁を「国造」「国造丁」とも呼んだものである。兵衛や防人集団の長にとって、「国造」を称することは、名誉なことであるとともに、郡領任用の際の実質上の有利さをともなうものであったと考えられるのである。

しかし、八世紀におけるこのような「国造」(国造氏)の在り方も、九世紀に入ると変化が生じてくる。たとえば、郡司の任用における譜第は、弘仁二年（八一一）に復活しているが（『日本後紀』弘仁二年二月己卯条）、それによって「国造兵衛」は復活したのではなかった。このことは、兵衛にとって国造氏の出身であることが意味を持たない状況になっていたことを示すものであろう。国造氏の人物の郡領への優先任用が、ほとんど行われていない状況にあったことが推定されるのである。先に述べた名誉職的な国造の任命も、八世紀末を最後に行われなくなるのであり、「国造」であることが自体が意味を持たなくなっていたと考えられる。

3　出雲国造と紀伊国造

出雲国造による「神賀詞」の奏上

律令制下における出雲国造と紀伊国造は、前節でみてきた天平十九年（七四七）以降に現れるところの、臨時に任命された実質のない名誉職的国造とは明らかに異質な存在である。両国造は、表㈣からも、八世紀前半から代々その任命の行われていることが知られるが、このことは、『貞観儀式《じょうがんぎしき》』巻十に、両国造だけ任命の儀式次第が載せられていることにも明らかである。また両国造は、遥任の国造とは異なり、現地の有力者が任命されている。そして、出雲国造には、「神賀詞《かんよごと》」（「神賀事」「神吉事」などとも記される）を奏上するという任務も負わされていたのである。『延喜式』の巻三・巻十一などによれば、出雲国造新任の際の儀式は、およそ次のとおりである。

まず、太政官曹司《そうじ》庁において国造任命の儀式が行われ、新任の国造は、その後、神祇官庁で「負幸物《さちおうもの》」を賜って帰国する。そして一年間の潔斎《けっさい》を終え、国司に率いられて祝《はふり》・神部・郡司・子弟らとともに再び上京し、献上物を奉り、吉日を卜《ぼく》して「神賀詞」を奏上する。そのとき、国造以下上京の人々に禄が下賜される。国造は、その後また帰国し、さらに一年間の潔斎を終えて上京し、前年と同じ儀式に従い、再度「神賀詞」を奏上する。

出雲国造による「神賀詞」の奏上儀礼については、国造の代替わりごとに行われる新任国造の天皇に対する服属儀礼、と解するのが一般的であり、筆者もそのように考えている。『延喜式』によれば、出雲国造は新任の際に二度にわたって「神賀詞」を奏上するというこ

表（六）　出雲国造による「神賀詞」の奏上

国造名	「神賀詞」奏上年・月・日	国造任命年・月・日	天皇即位年・月・日〔天皇名〕
果安	霊亀二（七一六）・二・十	和銅元（七〇八）	霊亀元（七一五）・九・二〔元正〕
広嶋	神亀元（七二四）・正・二十七 神亀三（七二六）・二・二	養老五（七二一）	神亀元（七二四）・二・四〔聖武〕
弟山	天平勝宝二（七五〇）・二・四 天平勝宝三（七五一）・二・二十二	天平十八（七四六）・三・七	天平勝宝元（七四九）・七・二〔孝謙〕 天平宝字二（七五八）・八・一〔淳仁〕
益方	神護景雲元（七六七）・二・十四 神護景雲二（七六八）・二・五	天平宝字八（七六四）・正・二十	天平宝字八（七六四）・十・九〔称徳〕
国上		宝亀四（七七三）・九・八	宝亀元（七七〇）・十・一〔光仁〕

			天応元(七八一)・四・三〔桓武〕
国成	延暦四(七八五)・二・十八 延暦五(七八六)・二・九	延暦元(七八二)	
人長	延暦十四(七九五)・二・二十六 延暦二十(八〇一)・閏正・十六	延暦九(七九〇)・四・十七	
門起		延暦二十二(八〇三)	大同元(八〇六)・五・十八〔平城〕 大同四(八〇九)・四・十三〔嵯峨〕
旅人	弘仁二(八一一)・三・二十七 弘仁三(八一二)・三・十五	弘仁元(八一〇)	弘仁十四(八二三)・四・二十七〔淳和〕
豊持	天長七(八三〇)・四・二 天長十(八三三)・四・二十五	天長三(八二六)・三・二十九	天長十(八三三)・二・二十八〔仁明〕

＊果安・広嶋・国成・門起・旅人の国造任命年は『出雲国造系図』による。他は、『続日本紀』『日本後紀』『続日本後紀』『類聚国史』による。

とであるが、これは、あくまで『延喜式』段階（一〇世紀初頭）のことである。表(六)に示したように、八〜九世紀においては、「神賀詞」の奏上は新任から数年後に行われており、最初の出雲臣果安《はたやす》による奏上は、史料に残される限り一度だけである。

また、果安・広嶋《ひろしま》・弟山《おとやま》の三代の奏上年は、それぞれ元正《げんしょう》・聖武《しょうむ》・孝謙《こうけん》天皇の即位年との関係が考えられる。このことから、出雲国造による「神賀詞」奏上儀礼は、服属儀礼というよりも、即位儀礼の一環とみるべきであるとの説も出されている。(9) しかし、淳仁《じゅんにん》以降の天皇の即位に対応した「神賀詞」奏上は行われておらず、やはり国造の代替わりごとに行われる服属儀礼であったとみるのが妥当であろう。

「神賀詞」の内容と奏上の意味

『延喜式』巻八には、この段階の「神賀詞」も載せられており、それによれば、「神賀詞」の内容は、「奏」で終わる三段からなり、第二段はさらに三つの内容から構成されている。

第一段

出雲国造が、大八島国を統治する天皇の御世を斎《いわ》うとして、熊野のクシミケノ、杵築のオホナムチをはじめ出雲国内の官社一八六社の神々を潔斎して祭り、その神々の賀詞を天皇に奏上する、と奏する。

第二段

(A)タカミムスヒの命により、皇孫《すめみま》に大八島国の統治を委任するにあたり、出雲国造の遠祖のアメノホヒが高天原《たかまがはら》から遣わされ、さらにその子のアメノヒナトリが遣わされて大八島国を平定し、その国を作ったオホナムチも鎮めて、皇孫への大八島国の統治の委任を実現させた。

(B)そこでオホナムチは、自身の和魂《にぎたま》と子の神々とを皇孫の近き守神として大和に鎮座させ、自身は杵築に鎮まった。

(C)カムロキ・カムロミがアメノホヒに天皇の御世を斎い幸《さきわ》いまつれと命じたことに因んで、出雲国造が、神からのささげ物、自らのささげ物として神宝を献上する、と奏する。

第三段

献上する神宝にたとえて天皇の御世をたたえ、その平安を願い、その神宝を献上して「神賀詞」を奏上する、と奏する。

まず、第一段は、出雲国造が大八島国（日本国）を統治する天皇の世を斎い祭るために、クシミケノ（出雲国造の本拠地である意宇郡の熊野に鎮座する神。出雲国造が本来奉祭していた神）とオホナムチ（オホクニヌシ＝大国主神のこと。出雲の杵築に鎮座し、出雲国造にその奉祭がゆだねられた神）をはじめとする出雲国内の神々を潔斎して祭り、その神々の賀詞を奏上する、と述べた部分である。この部分は、出雲国造が、出雲国内のすべての神々に代わって天皇の御世を斎い祭る（天皇への服属を示す）部分といってよいであろう。

次に、第二段の(A)(B)は、記紀の「国譲り神話」と対応することが注意される。「国譲り神話」というのは、大八島国の地主神であるオホナムチ（オホクニヌシ）が、天皇の祖先である天神の子（皇孫）に、その国の統治権を譲り渡し、自らは出雲の杵築に鎮座した、という話のことである。ここにいうオホナムチ（オホクニヌシ）は、全国各地のクニグニにおいて祭られていた各クニヌシの代表、ないし象徴的存在としてのオホクニヌシであろう。「国譲り神話」は、岡田精司《おかだせいじ》の説くとおり、各地の国造の大王への服属を表現する王権側によって作られた物語ということができる(10)。

第二段の(A)では、オホナムチによる皇孫への国譲りを実現させたのが、出雲国造の遠祖であるアメノホヒ（アマテラスとスサノヲの誓約によって生まれた五男神のうちの一柱）と、その子のアメノヒナトリであると述べ、出雲国造の祖の功績を強調している。そして、(C)では、出雲国造が、カムロキ・カムロミ（高天原の皇祖神）の命を受けて天皇の御世を斎い祭ったアメノホヒの功績に因んで、神宝を献上すると述べている。

「国譲り神話」と対応した「神賀詞」を奏上するということは、出雲国造が、全国の国造を代表して、あるいはそれを象徴する存在として、天皇に対する服属を示したものと考えてよいであろう。

次に、第三段は、第二段(C)で神宝を献上すると奏したのを受けて、その神宝にたとえて天皇の御世をたたえ、神宝を献上して「神賀詞」を奏上する、と述べた部分である。この第三段（および第二段(C)）は、崇神紀六十年七月己酉条に記される出雲の神宝献上の物語と対応しており、この神宝献上物語についても、出雲勢力の王権への服属を象徴する物語と解するのが一般的である。ただ、反対意見もあり、菊地照夫《きくちてるお》は、神宝献上の物語は天皇に霊威を付与するタマフリ的な意味を持つとし、それに対応した「神賀詞」奏上儀礼も同様の意味を持つものであり、出雲国造による天皇への服属を示す儀礼ではないとしている。(11)

たしかに、出雲の神宝献上物語や出雲国造の「神賀詞」奏上儀礼には、タマフリ的意味があると考えられる。しかし、そのことは、それらが天皇への服属を示す意味を持つということとを、否定するものではあるまい。むしろ、天皇への服属を示すにあたり、天皇に霊威を付与する意味を持った神宝献上を行い、その神宝にたとえて天皇をたたえ、その御世をたたえる賀詞を奏するのは当然のことと考えられる。

出雲国造による「神賀詞」奏上儀礼は、出雲国造が一国造として、そして同時に全国の国造を代表ないし象徴する存在として、天皇に対する服属を示した儀礼と考えられるのである。とするならば、このような出雲国造は、国造制廃止後も、王権によって特別にその存続が認められた（必要とされた）国造と考えられるであろう。なぜ、出雲国造が選ばれたのかということは、「国譲り神話」をはじめ、記紀神話において出雲が特別な存在として位置づけられていることと対応するが、記紀神話において、なぜ出雲が特別な存在とされるのか、この点が問題なのである。王権の所在地である大和からみて出雲は西方に位置し、東方に位置する伊勢（皇祖神のアマテラスを祭る伊勢神宮の所在地）と対称の位置にあることが強調されたり、実際の出雲地域の歴史が他地域と比べて特異であったこと（弥生時代における大量の青銅器祭器の埋納、四隅突出《よすみとっしゅつ》型墳丘墓の造営、古墳時代における前方後方墳の多さなど）が指摘されたりするが、難しい問題である。

紀伊国造

律令制下において、出雲国造とともに特殊な存在であったのが紀伊国造である。ただ、紀伊国造が、特殊な存在として代々任命されるようになったのは、神亀元年（七二四）に紀直摩祖《まそ》が国造に任命されて以降のことと考えられる。『続日本紀』によれば、神亀元年の二月に即位した聖武天皇は、同年十月に紀伊国に行幸し、その行幸供奉《ぐぶ》に対する論功行賞として、紀伊国名草《なくさ》郡大領であった紀直摩祖を国造に任命したというのである。このような任命が可能だったのは、当時、紀伊国造が存在していなかったからであろう。紀伊国造の場合は、出雲国造とは異なり、他の国造と同様、天武末年の国造制廃止決定時の現任国造の死後は、後任は任命されていなかったと考えられるのである。

『国造次第』には、第二十二代紀伊国造として「直祖」の名がみえるが、この「直祖」は、「真祖《まそ》」の誤りで、右に述べた『続日本紀』神亀元年条の紀直摩祖にあたると考えられる。『国造次第』によれば、「直祖」（真祖）は、第二十一代国造石牟《いしむ》の子で、石牟は「務壱《むいち》」という天武十四年（六八五）制定の冠位（務壱は正七位上相当）を帯びているから、国造制廃止決定時の現任国造とみてよい。その石牟の次の国造が、神亀元年に任じられた摩祖（真祖）ということは、その間、四〇年ほどあるにもかかわらず、他の国造は存在しなかったということである。国造制廃止後も代々紀伊国造が任命されていたとすれば、これはいささか不自然であろう。『国造次第』の記述からも、紀伊国においては、天武朝の現任国造の石牟が死去したのちは、新たに国造を任命することなく、神亀元年に至ったと推定されるのである。

紀直摩祖が紀伊国造に任じられて以降は、紀伊国造は、代々任命されるようになり（表㈣の8・37・42など）、『貞観儀式』にみえるように、新任の際は上京して任命の儀式を行うようになっていったのである。「神賀詞」の奏上こそ行わなかったものの、紀伊国造も、聖武天皇の即位を契機に、地方豪族の天皇に対する服属を象徴する存在として位置づけられたと考えられる。

出雲国造は意宇郡を本拠とし、紀伊国造は名草郡を本拠としたが、それらの郡はいずれも神郡である。律令制下においては、同一官司の主典《さかん》以上に三親等以内の親族を任ずることは禁止されていたが（選叙令同司主典条）、神郡の郡司については、その連任が許されており（意宇郡については『続日本紀』文武《もんむ》二年〔六九八〕三月己巳《きし》条、名草郡については『同』養老七年〔七二三〕十一月丁丑条）、一族による祭政合わせた強固な在地支配の行われていたことが推定できる。出雲国造と紀伊国造が地方豪族を代表・象徴する存在として位置づけられたのは、このような事情もあったと考えられる。

出雲国造による意宇郡大領兼帯の禁止

しかし、延暦十七年（七九八）三月二十九日の太政官符（『類聚三代格』巻七）によれば、慶雲《けいうん》三年（七〇六）以来、出雲国造は意宇郡の大領を兼帯してきたが、神事にことよせ郡務を怠ることが多いので、今後は、国造と郡領はそれぞれ別の人物を任命せよとある。出雲国造の大領兼帯が禁じられたのであるが、このことは、出雲国造から地域の行政官としての職務を奪うということであり、以後、出雲国造は、その性格を大きく変えていくことになる。延暦十七年には、筑前国宗像《むなかた》郡の大領職を世襲してきた宗像朝臣氏に対しても、大領が宗像社の神主を兼帯することを禁じており、特定個人が祭政の両面にわたって権力を持つのを廃止する政策がとられたのである。

九世紀に入っても、出雲臣門起《かどおき》・出雲臣旅人《たびと》・出雲臣豊持《とよもち》と国造職は継承され（表㈣の38・39・40）、豊持は天長《てんちょう》十年（八三三）に「神賀詞」の奏上も行っているが、その後は、正史（国史）に出雲国造関係の記事はみえなくなる。『延喜式』の記載から、一〇世紀以降も出雲国造の任命は続いたと考えられるが、その頃には、旧来の国造を代表ないし象徴する存在という性格は消えていたことが推定されるであろう。前節で述べたように、九世紀以降

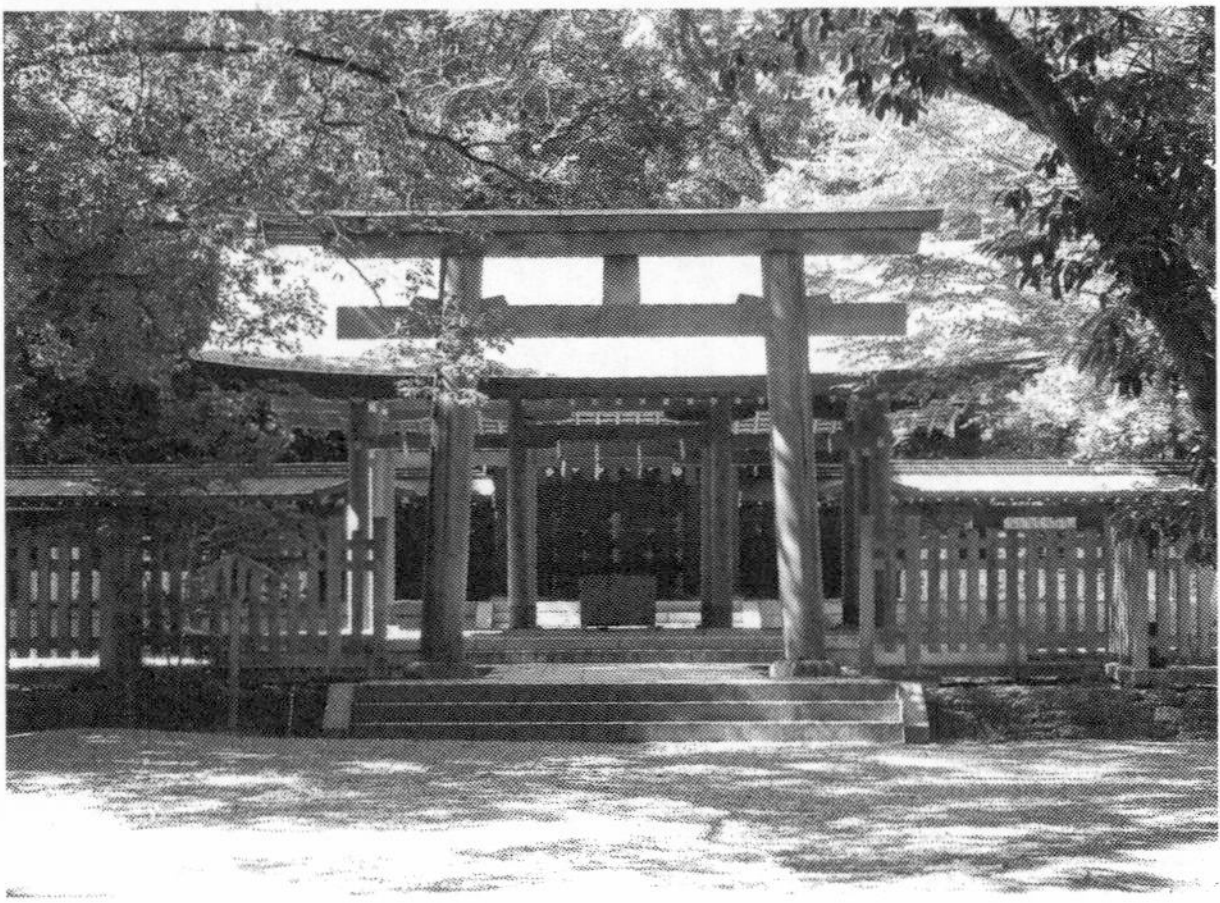

現在の日前神宮（上）・國懸神宮（写真・日前神宮・國懸神宮）

は、全国的に「国造」（国造氏）の存在そのものが意味を持たないものになっていたと考えられるのであり、出雲国造の性格にも変化が生じて当然である。出雲国造は、その後は出雲大社（杵築大社）の神職として命脈を保っていくことになり、中世には千家《せんげ》・北島《きたじま》の両家に分かれるが、両家により出雲国造職は継承され、今日に至っている。

紀伊国造の場合も、同様の変化が考えられる。『続日本後紀《しょくにほんこうき》』嘉祥《かしょう》二年（八四九）閏十二月庚午（二十一日）条には、紀伊国造の紀宿禰高継《たかつぐ》が国守の伴《とも》宿禰龍男《たつお》と争ったという記事がみえ、これによれば、高継と龍男とは常々仲が悪く、龍男は高継の国造職を解こうとしたが、国造は国司によって解任される職ではないとして、それは撤回されたという。この段階では、紀伊国造がなお地域を代表する存在であったことが推定されるであろうが、その後は、紀伊国造に関する記事も国史にはみえなくなる。紀伊国造も、その後は名草郡の日前《ひのくま》・国《くに》懸《かかす》神宮の神職として、存続していくことになったのである。

九世紀末に成立した『類聚国史』において、「国造」は神祇部に分類されているが、それは、その当時存在した出雲国造・紀伊国造が神職であったからであろう。一一世紀はじめに成立した『北山抄《ほくざんしょう》』（藤原公任《きんとう》によって著された有職故実《ゆうそくこじつ》の書）には、出雲国造・紀伊国造に加えて、安房国造の名が神職としてみえている。安房国造については、『日本文徳天皇実《にほんもんとくてんのうじつ》録《ろく》』嘉祥三年六月己酉（三日）条に、安房国国造伴直千福麻呂《ちふくまろ》に外従五位下を授けたという記事がみえるが（表㈣の㊸）、安房国安房郡も神郡であり、このときの安房国国造も、すでに神職としての国造であったと考えられる。

国造の後裔

国造制下の国造の一族は、八世紀（奈良時代）になっても、その多くは国造氏に認定されて郡領への優先任用が認められ、伝統的豪族として地域における一定の役割を果たしていた。しかし、先に述べたとおり、八世紀末頃を境に「国造」であることの意味が失われていったことが推定されるのである。おそらくそれは、新興の郡司層の台頭など、地域社会の変容に基づくものであり、かつての国造一族は、その多くが伝統的地位を失っていったと考えられる。いいかえれば、そのような状況になったからこそ、「国造」であることの意味が失われていったということであろう。もちろん、国造一族のなかには、平安時代以降も郡領から在地領主へと成長し、その勢力を維持した一族もあったであろう。しかしその多くは、具体的史料に欠け、不明とせざるを得ないのである。

一方、出雲国造・紀伊国造などは、平安時代以降も国造として存続したのであるが、それは神職としての国造であった。そして、各地の神社の神職のなかには、ほかにも、かつての国造一族が世襲した例は存在したと考えられる。ただしそれらは、代々「国造」を称して存続したのではなかった。

たとえば、尾張国愛知《あいち》郡の熱田《あつた》神宮の大宮司《だいぐうじ》職は、平安時代後期に藤原氏に移るまでは、代々尾張連氏が世襲していた。尾張連氏は、尾張国造を世襲した一族であり、熱田神宮は、ヤマトタケルが東征の際に伊勢神宮の倭姫命から授かったとされる草薙剣《くさなぎのつるぎ》を祀る神社である。記紀によれば、東征を終えたヤマトタケルは、尾張まで戻り尾張国造（尾張連氏）の祖である美夜受比売《みやずひめ》（宮簀媛《みやずひめ》）を妻とし、その宮簀媛の家に草薙剣を置いたまま伊吹山《いぶきやま》に向かい、帰らぬまま死去したという。景行紀五十一年八月壬子条には、「日本武尊《やまとたけるのみこと》の佩《はか》せる草《くさ》薙横刀《なぎのつるぎ》は、是今《これ》、尾張国年魚市《あゆち》郡の熱田社に在り」とみえ、『日本書紀』編纂段階にすでに熱田社（熱田神宮）の存在していたことが知られる。熱田社の神職は、代々「尾張国造」を称したのではなかったが、尾張国造の後裔によって世襲されたことは事実と考えられる。

また、肥後国阿蘇《あそ》郡の阿蘇神社の大宮司職も、阿蘇国造であった阿蘇君氏によって世襲された職である。この大宮司家（阿蘇君氏）は、平安時代後期以降、在地領主として勢力を増大させ、南北朝時代に最盛期を迎えた。戦国時代には勢力は衰え、その後は阿蘇神社の神主としての地位にとどまったが、その系譜は今日にまで継承されている。

ほかにも、『伊豆《いず》国造《こくぞう》伊豆宿禰《いずのすくね》系譜《けいふ》』（三嶋《みしま》大社の神主家である矢田部《やたべ》家に伝わる系図）によれば、伊豆国造伊豆宿禰氏は、神功皇后の時代に伊豆国造に定められ、庚午年籍により日下《くさか》部直《べのあたい》の氏姓を賜り、天平十四年（七四二）に伊豆国造伊豆直の氏姓（複姓）に改められ、さらに大同《だいどう》二年（八〇七）に伊豆国造伊豆宿禰を賜ったという。その後、長和《ちょうわ》四年（一〇一五）に三嶋大社の神主となり、矢田部氏を称するようになるが、その間、代々田方《たかた》郡の郡領及び伊豆国造に任じられたというのである。実際に国造制下の伊豆国造を世襲したのは嶋《しまの》直《あたい》氏であったと考えられ(12)、伊豆国造伊豆直（宿禰）氏の人物が奈良・平安時代に代々伊豆国造に任じられたというのも、伊豆国造を自称したにすぎないと考えられるが、日下部直氏が天平十四年に伊豆国造伊豆直の氏姓を賜与されたことや、田方郡の郡領職を世襲したことは事実であろう。日下部直氏にとって、伊豆国造伊豆直に改賜姓されることは、伊豆国造氏に認定され、郡領に優先任用されるという利点があったのである。この日下部直（伊豆国造伊豆直）氏の場合は、国造氏の後裔が、三嶋大社の神官となっていった例ということになる。

また、『粟鹿《あわが》大明神《だいみょうじん》元記《がんき》』は、但馬《たじま》国朝来《あさこ》郡の粟鹿神社の祭主《さいしゅ》（神主）を世襲した神部《みわべの》直《あたい》氏の系図であるが、これによれば、神部直氏は、成務天皇の時代に粟鹿大神を祀ったことにより神部直の氏姓を賜り、同時に但馬国造に定められ、斉明天皇の時代に朝来郡の大領に任じられたというのである。この場合も、実際に但馬国造を世襲したのは多遅麻君氏《たじまのきみ》であったと考えられるのであるが[13]、この系図の原形は、その奥書《おくがき》によれば和銅元年（七〇八）の成立であり、その当時、神部直氏が、かつて但馬国造に任じられた一族であると主張したことは事実と考えられる。国造の後裔であることが、粟鹿神社の神主及び朝来郡の郡領として、地域における支配的地位を維持していくうえで有効と判断されたのであろう。

『伊豆国造伊豆宿禰系譜』や『粟鹿大明神元記』のような系図が作成されたのは、国造であったと主張することに意味のあった時代のことと考えられるが、そのような系図が作成されたということにも、国造制下の国造が、それぞれの地域（クニ）を統轄した地域の最有力者であったことがよく示されているといえるのである。

あとがき

筆者が国造制の問題に取り組むようになったのは、修士論文で『常陸国風土記』の建郡(評)記事を取り上げたときからである。その修論を書き直したのが、拙稿「律令制成立期の地方支配」(佐伯有清編『日本古代史論考』吉川弘文館、一九八〇年)であり、恩師の佐伯有清先生編集の論文集に、加えていただいたものであった。そして、この修論の書き直し中に接したのが、鎌田元一氏の「評の成立と国造」(『日本史研究』一七六、一九七七年。のち同『律令公民制の研究』塙書房、二〇〇一年、所収)である。今から四〇年以上も前のことであるが、書き直し中には、鎌田説との違いを強調するのに苦労したことを憶《おぼ》えている。

本書にも述べたとおり、『常陸国風土記』には、行方評・香島評・信太評の建評記事と、多珂・石城二評分置記事の、四つの記事が残されているのであるが、これらの記事についての鎌田氏の解釈は、およそ次のとおりである。

①二人ずつ記される建評申請者は、いずれもその評の初代官人に任じられた。

②『常陸国風土記』では、国造のクニの名を継承しない評についてのみ建評記事を掲載している。
③国造のクニの名を継承する評は、大化五年（六四九）に一斉に建てられたと考えられ、『皇大神宮儀式帳』にいう孝徳朝の「天下立評」のときは、大化五年を指している。
④多珂・石城二評分置記事は、大化五年にすでに評になっていた多珂評から、白雉四年（六五三）に石城評が分置されたことを述べた記事である。
⑤石城評の建評申請者である「多珂国造石城直美夜部」や、行方評の建評申請者である「茨城国造壬生連麿」「那珂国造壬生直夫子」の「国造」は、国造その人を指すのではなく、国造の一族全体にかかる身分的称号とみるべきである。
⑥評制の施行によって、国造のクニは廃止されたが、「国造」の肩書は残り、国造は地方支配における実質的役割を果たした。

この鎌田説が出されるまでは、関晃《せきあきら》氏の解釈が一般的な承認を得ていた。関氏は、「大化の郡司制について」（坂本太郎博士還暦記念会編『日本古代史論集』上巻、吉川弘文館、一九六二年。のち『関晃著作集』第二巻、吉川弘文館、一九九六年、所収）において、香島評建評申請者の「中臣（　）子」「中臣部兎子」と、信太評建評申請者の「物部会津」「物部河内」は、それぞれその評の初代官人に任じられたと考えられるが（のちの香島郡・信太郡の郡領に、それぞれ中臣氏・物部氏の人物の名がみえる）、行方評の場合は、茨城国造と那珂国造が申請者であるから、行方評の官人には、申請者の二人ではなく、どちらかの一族の人物が任じられたのであろうとし、多珂・石城二評分置記事については、多珂国造のクニから白雉四年に新しく石城評が建てられたことを示しており、そのときに石城評の初代官人に任じられたのが申請者の一人である「石城評造部志許赤」、もう一人の申請者である「多珂国造石城直美夜部」は、「石城評造部志許赤」と併記されながらもわざわざ「多珂国造」と記されていることからすれば、石城評が建てられたのちも依然として国造のままであり、多珂の地も、依然として国造のクニのままであったと考えられる、と説いたのである。

つまり、関氏は、評制施行後も国造とそのクニの残るところがあったとして、評制の段階的施行説を説いたのであるが、これに対して鎌田氏は、孝徳朝全面施行説を主張したのであった。

鎌田説に対して、筆者がまず疑問に思ったのは、⑤の点である。「多珂国造石城直美夜部」「茨城国造壬生連麿」「那珂国造壬生直夫子」のような「某国造」を冠した個人名において、その「某国造」を国造一族全体にかかる身分的称号と解するのは、いかにも不自然であり、国造その人以外の一族の人物を表記する場合は、安閑紀元年閏十二月是月条に「武蔵国造笠原直使主と同族小杵」、孝徳紀白雉元年二月戊寅条に「国造首《おびと》の同族贄《にえ》」とあるように、「同族」というような表記がとられたであろうと考えたからである。しかし、当時は、通説に従って、国造制は評制の施行によって廃止されたと考えていたため、建評申請者の表記は、「那珂国造大建壬生直夫子」の「大建」が天智三年（六六四）制定の冠位二十六階にのみみえる冠位であることから、最終的身分表記と考えるべきであるとしながらも、鎌田氏の「国造」解釈（⑤⑥）に対する批判は、きわめて不十分なものであった。

その後、国造制は評制の施行によって廃止されたのではないと主張したのが、拙著『国造制の成立と展開』（吉川弘文館、一九八五年）である。この著は、古代史研究選書の一冊として執筆したものであるが、これを薦めてくださったのも、恩師の佐伯先生であった。先生が亡くなられてすでに一五年以上になるが、改めて先生の学恩に感謝する次第である。

さて、この拙著においては、当然のことながら、『常陸国風土記』の建評記事について再論し、建評申請者の身分表記が最終的身分表記であるならば、それは、まさに評制施行後も国造が存在したことを示す史料と考えるべきであることなどを主張した。また、先の拙稿においては、のちの行方郡の郡領氏族として知られるのは壬生直氏であり、壬生連氏ではないことから、行方評の初代官人に任じられたのは、「那珂国造壬生直夫子」の方であり、「茨城国造壬生連麿」は茨城評の初代官人に任じられたと考えられるとしたのであるが、この拙著では、それを改め、行方郡の初代官人に任じられたのは、申請者自身ではなく、それぞれの一族の人物であった可能性が高いとした。つまり、関説が妥当であろうとしたのである。

しかし、その後、この拙著をたたき台として執筆した学位論文『日本古代国造制の研究』(吉川弘文館、一九九六年)においては、この点をさらに改め、行方評についても、建評申請者の二人が初代官人に任じられたと考えるべきであるとした。すなわち、鎌田説(①②)が妥当であるとしたのである。そして、建評申請者の「茨城国造壬生連麿」と「那珂国造壬生直夫子」については、建評申請時に国造であったと解する必要はなく、この二人は行方評の官人を経て、のちにそれぞれ茨城国造・那珂国造に任じられたと考えればよいとした。その後は、この解釈に変更を加えることなく、本書においてもそれを踏襲している。

このように、『常陸国風土記』の建評記事、とりわけ行方評の建評申請者と初代官人の解釈については、長く悩まされてきたのである。筆者も古稀を過ぎ、今後の変更はないと思うが、今なお、この点についての解釈に確信を持っているわけではない。

近年では、須原祥二氏により、建評申請者のすべてを、それぞれの評の初代官人に任じられた人物と解する必要はなく、そのように解するからこそ、「茨城国造壬生連麿」「那珂国造壬生直夫子」の「国造」の解釈に無理が生ずるのである、との指摘がなされている（須原祥二「孝徳建評の再検討」『ヒストリア』二〇〇三、二〇〇七年。のち同『古代地方制度形成過程の研究』吉川弘文館、二〇一一年、所収）。須原氏によれば、筆者の解釈は、あり得ない想定ではないが、のちに二人とも国造に任じられたとなると「出来すぎの感は否めない」というのである。私見を翻すつもりはないが、もっともな指摘であると思う。右に述べたとおり、筆者も、行方評の場合は建評申請者が初代官人に任じられたのではないと考えたことがあった。

建評記事の解釈に限らず、国造および国造制をめぐっての議論には、共通した理解の得られていない問題が多い。本書において、現在の筆者の考えが、どれほどの説得力を持って述べられているか、読者の皆さんの判断にゆだねるほかはない。ただ、国造制が評制の施行によって廃止されたのではないこと、これは、本書において、もっとも強調してきた点であるが、これについては間違いないと確信している。

最後になったが、本書の作成にあたっては、中公新書編集部の酒井孝博氏に大変お世話になった。ここに記して、感謝の意を表する。本書は、多くの読者にとって分かり易《やす》い叙述を、と心がけて執筆したつもりではあったが、なお不十分なところが多く、酒井氏からは、随所に説明を加えるよう的確な指摘を受けた。おかげをもって、当初よりは随分と分かり易い叙述になったのではないかと思う。本書が、多くの読者にとって、国造制への興味を広げる一冊になることを願っている。

二〇二一年九月

篠川　賢

注

第一章

(1)坂本太郎「列聖漢風謚号の撰進について」
(2)吉田晶『日本古代国家成立史論』、山尾幸久『日本国家の形成』など
(3)角林文雄「大化の屯倉廃止」
(4)毛利憲一「六・七世紀の地方支配」
(5)山尾幸久「国造について」
(6)藤間生大「国造制についての一考察」
(7)毛利憲一「六・七世紀の地方支配」
(8)榎英一「推古朝の「国記」について」
(9)加藤晃「我が国における姓の成立について」
(10)原島礼二『日本古代王権の形成』
(11)川口勝康「瑞刃刀と大王号の成立」
(12)小川良祐「埼玉稲荷山古墳の新情報」
(13)直木孝次郎「人制の研究」
(14)佐伯有清「臣か直か―銘文と武蔵の豪族」
(15)東野治之「七世紀以前の金石文」
(16)溝口睦子『日本古代氏族系譜の成立』、同「系譜論からみた稲荷山古墳出土鉄剣銘文」など
(17)佐伯有清「日本古代の別(和気)について」
(18)井上光貞「国造制の成立」
(19)前田晴人「古代国家の境界祭祀とその地域性」、平林章仁「国造制の成立について」など
(20)坂本太郎「日本書紀と蝦夷」
(21)石上英一「日本古代における調庸制の特質」
(22)原島礼二『古代の王者と国造』、平林章仁「国造制の成立について」など
(23)日本古典文学大系『日本書紀』頭注
(24)坂本太郎「継体紀の史料批判」
(25)柳沢一男「岩戸山古墳と磐井の乱」
(26)黛弘道『律令国家成立史の研究』、義江明子『日本古代系譜様式論』など

(27)直木孝次郎「継体朝の動乱と神武伝説」
(28)篠川賢『継体天皇』
(29)直木孝次郎「継体朝の動乱と神武伝説」
(30)岸俊男「防人考」
(31)本位田菊士「国造姓「直」に関する一、二の問題」

第二章

(1)山尾幸久『日本国家の形成』
(2)直木孝次郎「〝やまと〟の範囲について」
(3)吉田晶『日本古代国家成立史論』
(4)直木孝次郎「税長について」
(5)篠川賢『日本古代の王権と王統』
(6)笹川進二郎「白猪史と白猪屯倉」、山尾幸久「県の史料について」など
(7)八木充「国造制の構造」
(8)米沢康「コホリの史的性格」
(9)山尾幸久『日本国家の形成』
(10)岸俊男「日本における「戸」の源流」
(11)鎌田元一「「部」についての基本的考察」
(12)狩野久「部民制」

第三章

(1)坂本太郎『大化改新の研究』、鎌田純一『先代旧事本紀の研究　研究の部』など
(2)鎌田純一『先代旧事本紀の研究　研究の部』、吉田晶『日本古代国家成立史論』など
(3)磯貝正義「律令時代の地方政治」、佐伯有清・高嶋弘志『国造・県主関係史料集』など
(4)植松考穆「大化改新以後の国造に就いて」、磯貝正義「律令時代の地方政治」など
(5)虎尾俊哉「大化改新後の国造」、八木充「国郡制の成立」、米田雄介「国造氏と新国造の成立」など
(6)米田雄介「国造氏と新国造の成立」、熊谷公男「天武政権の律令官人化政策」など
(7)鈴木正信編「国造関係史料集」
(8)吉田晶『日本古代国家成立史論』

(9)阿部武彦「国造の姓と系譜」、井上光貞「国造制の成立」
(10)加藤晃「我が国における姓の成立について」
(11)津田左右吉「大化改新の研究」
(12)篠川賢『物部氏の研究』、同『継体天皇』など
(13)阿部武彦「国造の姓と系譜」
(14)井上光貞「国造制の成立」
(15)山尾幸久『カバネの成立と天皇』
(16)須原祥二「「仕奉」と姓」
(17)八木充「古代地方組織発展の一考察」、同「凡直国造とミヤケ」
(18)石母田正『日本の古代国家』
(19)吉田晶『日本古代国家成立史論』

第四章

(1)津田左右吉「大化改新の研究」
(2)篠川賢「部曲の廃止」、同「「大化改新」と部民制」
(3)鎌田元一「評の成立と国造」
(4)鎌田元一「評の成立と国造」
(5)磯貝正義「評造・評督考」
(6)市大樹『評制下荷札木簡集成』「総説」
(7)門脇禎二『出雲の古代史』
(8)大町健「律令制的国郡制の特質とその成立」

第五章

(1)高嶋弘志「律令新国造についての一試論」
(2)井上光貞「日本律令の成立とその注釈書」
(3)井上光貞「日本律令の成立とその注釈書」
(4)八木充「国郡制の成立」、神崎勝「国造とそのクニについて（再論）」など
(5)鹿内浩胤「古記と国造田」
(6)虎尾俊哉「大化改新後国造再論」、伊野部重一郎「郡司制の創始についての覚書」、今泉隆雄「「国造氏」の存在について」など
(7)高嶋弘志「律令新国造についての一試論」
(8)今泉隆雄「八世紀郡領の任用と出自」
(9)大浦元彦「「出雲国造神賀詞」奏上儀礼の成立」

(10)岡田精司「記紀神話の成立」
(11)菊地照夫「出雲国造神賀詞奏上儀礼の意義」
(12)篠川賢「伊豆国造小考」
(13)篠川賢「『粟鹿大明神元記』の「国造」」

参考文献

阿部武彦「国造の姓と系譜」（『日本古代の氏族と祭祀』吉川弘文館、一九八四年、所収。初出は一九五〇年）
石上英一「日本古代における調庸制の特質」（『歴史学研究』別冊、一九七三年大会報告）
石母田正『日本の古代国家』（『石母田正著作集三　日本の古代国家』岩波書店、一九八九年、所収。初出は一九七一年）
磯貝正義「律令時代の地方政治」（「郡司任用制度の基礎的研究」と改題して『郡司及び采女制度の研究』吉川弘文館、一九七八年、所収。初出は一九六二年）
磯貝正義「評造・評督考」（「評及び評造制の研究㈠」と改題して『郡司及び采女制度の研究』吉川弘文館、一九七八年、所収。初出は一九六五年）
市大樹「総説」（奈良文化財研究所『評制下荷札木簡集成』同研究所、二〇〇六年）
井上光貞「国造制の成立」（『井上光貞著作集四　大化前代の国家と社会』岩波書店、一九八五年、所収。初出は一九五一年）
井上光貞「国県制の存否について」（『井上光貞著作集一　日本古代国家の研究』岩波書店、一九八五年、所収。初出は一九六〇年）
井上光貞「日本律令の成立とその注釈書」（『井上光貞著作集二　日本古代思想史の研究』岩波書店、一九八六年、所収。初出は一九七七年）
伊野部重一郎「郡司制の創始についての覚書」（『日本歴史』一八九、一九六四年）
今泉隆雄「八世紀郡領の任用と出自」（『史学雑誌』八一―一二、一九七二年）
今泉隆雄「「国造氏」の存在について」（『続日本紀研究』一六四、一九七二年）

上田正昭「国県制の実態とその本質」（『上田正昭著作集一　古代国家論』角川書店、一九九八年、所収。初出は一九五九年）
植松考穆「大化改新以後の国造に就いて」（早稲田大学史学会編『浮田和民博士記念　史学論文集』六甲書房、一九四三年）
榎英一「推古朝の「国記」について」（『日本史論叢』五、一九七五年）
大浦元彦「「出雲国造神賀詞」奏上儀礼の成立」（『史苑』四五―二、一九八六年）
大町健「律令制的国郡制の特質とその成立」（『日本古代の国家と在地首長制』校倉書房、一九八六年、所収。初出は一九七九年）
岡田精司「記紀神話の成立」（『岩波講座日本歴史　古代二』岩波書店、一九七五年）
小川良祐「埼玉稲荷山古墳の新情報」（小川良祐・狩野久・吉村武彦編『ワカタケル大王とその時代』山川出版社、二〇〇三年）
角林文雄「大化の屯倉廃止」（『日本古代の政治と経済』吉川弘文館、一九八九年、所収。初出は一九八一年）
加藤晃「我が国における姓の成立について」（坂本太郎博士古稀記念会編『続日本古代史論集』上巻、吉川弘文館、一九七二年）
門脇禎二『出雲の古代史』（日本放送出版協会、一九七六年）
狩野久「部民制」（『日本古代の国家と都城』東京大学出版会、一九九〇年、所収。初出は一九七〇年）
鎌田純一『先代旧事本紀の研究　研究の部』（吉川弘文館、一九六二年）
鎌田元一「評の成立と国造」（『律令公民制の研究』塙書房、二〇〇一年、所収。初出は一九七七年）
鎌田元一「「部」についての基本的考察」（『律令公民制の研究』塙書房、二〇〇一年、所収。初出は一九八四年）
川口勝康「瑞刃刀と大王号の成立」（井上光貞博士還暦記念会編『古代史論叢』上、吉川弘文館、一

九七八年）

神崎勝「国造とそのクニについて（再論）」（『立命館文學』六二六、二〇一二年）

菊地照夫「出雲国造神賀詞奏上儀礼の意義」（『古代王権の宗教的世界観と出雲』同成社、二〇一六年、所収。初出は一九九五年）

岸俊男「防人考」（『日本古代政治史研究』塙書房、一九六六年、所収。初出は一九五五年）

岸俊男「日本における「戸」の源流」（『日本古代籍帳の研究』塙書房、一九七三年、所収。初出は一九六四年）

熊谷公男「天武政権の律令官人化政策」（関晃教授還暦記念会編『関晃先生還暦記念　日本古代史研究』吉川弘文館、一九八〇年）

佐伯有清「日本古代の別（和気）について」（「日本古代の別（和気）とその実態」と改題して、『日本古代の政治と社会』吉川弘文館、一九七〇年、所収。初出は一九六二年）

佐伯有清「臣か直か―銘文と武蔵の豪族」（「武蔵の古代豪族と稲荷山古墳鉄剣銘」と改題して『日本古代氏族の研究』吉川弘文館、一九八五年、所収。初出は一九七九年）

佐伯有清・高嶋弘志『国造・県主関係史料集』（近藤出版社、一九八二年）

坂本太郎「列聖漢風諡号の撰進について」（『坂本太郎著作集七　律令制度』吉川弘文館、一九八九年、所収。初出は一九三二年）

坂本太郎『大化改新の研究』（『坂本太郎著作集六　大化改新』吉川弘文館、一九八八年、所収。初出は一九三八年）

坂本太郎「日本書紀と蝦夷」（『坂本太郎著作集二　古事記と日本書紀』吉川弘文館、一九八八年、所収。初出は一九五六年）

坂本太郎「継体紀の史料批判」（『坂本太郎著作集二　古事記と日本書紀』吉川弘文館、一九八八年、所収。初出は一九六一年）

笹川進二郎「白猪史と白猪屯倉」（日本史論叢会編『論究日本古代史』学生社、一九七九年）

鹿内浩胤「古記と国造田」(『日本歴史』五五九、一九九四年)
篠川賢「伊豆国造小考」(『古代国造制と地域社会の研究』吉川弘文館、二〇一九年、所収。初出は一九九七年)
篠川賢『日本古代の王権と王統』(吉川弘文館、二〇〇一年)
篠川賢『物部氏の研究』(雄山閣、二〇〇九年)
篠川賢『継体天皇』(吉川弘文館、二〇一六年)
篠川賢「部曲の廃止」(『史聚』五〇、二〇一七年)
篠川賢「「大化改新」と部民制」(篠川賢・大川原竜一・鈴木正信編『国造制・部民制の研究』八木書店、二〇一七年)
篠川賢「『粟鹿大明神元記』の「国造」」(『古代国造制と地域社会の研究』吉川弘文館、二〇一九年、所収。初出は二〇一八年)
鈴木正信編「国造関係史料集」(篠川賢・大川原竜一・鈴木正信編『国造制の研究』八木書店、二〇一三年)
須原祥二「「仕奉」と姓」(『古代地方制度形成過程の研究』吉川弘文館、二〇一一年、所収。初出は二〇〇三年)
高嶋弘志「律令新国造についての一試論」(佐伯有清編『日本古代史論考』吉川弘文館、一九八〇年)
津田左右吉「大化改新の研究」(『津田左右吉全集三日本上代史の研究』岩波書店、一九六三年、所収。初出は一九三〇〜三一年)
東野治之「七世紀以前の金石文」(『大和古寺の研究』塙書房、二〇一一年、所収。初出は二〇〇六年)
藤間生大「国造制についての一考察」(遠藤元男博士還暦記念日本古代史論叢刊行会編『遠藤元男博士還暦記念　日本古代史論叢』遠藤元男博士還暦記念日本古代史論叢刊行会、一九七〇年)
虎尾俊哉「大化改新後の国造」(『芸林』四—四、一九五三年)
虎尾俊哉「大化改新後国造再論」(『弘前大学國史研

究』六、一九五七年）
直木孝次郎「継体朝の動乱と神武伝説」（『日本古代国家の構造』青木書店、一九五八年）
直木孝次郎「人制の研究」（『日本古代国家の構造』青木書店、一九五八年）
直木孝次郎「税長について」（『奈良時代史の諸問題』塙書房、一九六八年、所収。初出は一九五八年）
直木孝次郎「〝やまと〟の範囲について」（『飛鳥奈良時代の研究』塙書房、一九七五年、所収。初出は一九七〇年）
中田薫「我古典の「部」及び「県」に就て」（『法制史論集三』岩波書店、一九四三年、所収。初出は一九三三年）
原島礼二『日本古代王権の形成』（校倉書房、一九七七年）
原島礼二『古代の王者と国造』（教育社、一九七九年）
平林章仁「国造制の成立について」（『龍谷史壇』八三、一九八三年）
本位田菊士「国造姓「直」に関する一、二の問題」（『日本古代国家形成過程の研究』名著出版、一九七八年、所収。初出は一九七三年）
前田晴人「古代国家の境界祭祀とその地域性」（『日本古代の道と衢』吉川弘文館、一九九六年、所収。初出は一九八一年）
黛弘道『律令国家成立史の研究』（吉川弘文館、一九八二年）
溝口睦子『日本古代氏族系譜の成立』（学習院、一九八二年）
溝口睦子「系譜論からみた稲荷山古墳出土鉄剣銘文」（『十文字国文』九、二〇〇三年）
毛利憲一「六・七世紀の地方支配」（『日本史研究』五二三、二〇〇六年）
八木充「古代地方組織発展の一考察」（「地方政治組織の発展」と改題して『律令国家成立過程の研究』塙書房、一九六八年、所収。初出は一九五八年）

八木充「国郡制の成立」(『律令国家成立過程の研究』塙書房、一九六八年、所収。初出は一九六三年)
八木充「国造制の構造」(『日本古代政治組織の研究』塙書房、一九八六年、所収。初出は一九七五年)
八木充「凡直国造とミヤケ」(『日本古代政治組織の研究』塙書房、一九八六年、所収。初出は一九七七年)
柳沢一男「岩戸山古墳と磐井の乱」(宇治市教育委員会編『継体王朝の謎』河出書房新社、一九九五年)
山尾幸久『日本国家の形成』(岩波書店、一九七七年)
山尾幸久「県の史料について」(日本史論叢会編『論究日本古代史』学生社、一九七九年)
山尾幸久「国造について」(古代を考える会藤沢一夫先生古稀記念論集刊行会編『藤沢一夫先生古稀記念　古文化論叢』古代を考える会藤沢一夫先生古稀記念論集刊行会、一九八三年)
山尾幸久『カバネの成立と天皇』(吉川弘文館、一九九八年)
義江明子『日本古代系譜様式論』(吉川弘文館、二〇〇〇年)
吉田晶『日本古代国家成立史論』(東京大学出版会、一九七三年)
米沢康「コホリの史的性格」(『日本古代の神話と歴史』吉川弘文館、一九九二年、所収。初出は一九五五年)
米田雄介「国造氏と新国造の成立」(『続日本紀研究』一六二、一九七二年)

図版制作・関根美有

篠川 賢（しのかわ・けん）

1950年，神奈川県生まれ．1973年，北海道大学文学部卒業，1981年，同大学院文学研究科博士課程単位取得満期退学．成城大学文芸学部教授等を経て，2021年，同大学退職．現在，同大学名誉教授．文学博士．専攻・日本古代史．

著書『国造制の成立と展開』（吉川弘文館，1985）
『日本古代国造制の研究』（吉川弘文館，1996）
『飛鳥の朝廷と王統譜』（吉川弘文館，歴史文化ライブラリー，2001）
『大王と地方豪族』（山川出版社，日本史リブレット，2001）
『日本古代の王権と王統』（吉川弘文館，2001）
『物部氏の研究』（雄山閣，2009）
『国造制の研究 史料編・論考編』（大川原竜一，鈴木正信と共編著，八木書店古書出版部，2013）
『日本古代の歴史2　飛鳥と古代国家』（吉川弘文館，2013）
『継体天皇』（吉川弘文館，人物叢書，2016）
『古代国造制と地域社会の研究』（吉川弘文館，2019）など

国造《くにのみやつこ》 ― 大和政権《やまとせいけん》と地方豪族《ちほうごうぞく》

中公新書 2673

2021年11月25日発行

著　者　篠川　賢
発行者　松田陽三

本文印刷　三晃印刷
カバー印刷　大熊整美堂
製　本　小泉製本

発行所　中央公論新社
〒100-8152
東京都千代田区大手町 1-7-1
電話　販売 03-5299-1730
　　　編集 03-5299-1830
URL http://www.chuko.co.jp/

Published by CHUOKORON-SHINSHA, INC.
Printed in Japan　ISBN978-4-12-102673-6 C1221

中公新書刊行のことば

いまからちょうど五世紀まえ、グーテンベルクが近代印刷術を発明したとき、書物の大量生産は潜在的可能性を獲得し、いまからちょうど一世紀まえ、世界のおもな文明国で義務教育制度が採用されたとき、書物の大量需要の潜在性が形成された。この二つの潜在性がはげしく現実化したのが現代である。

いまや、書物によって視野を拡大し、変りゆく世界に豊かに対応しようとする強い要求を私たちは抑えることができない。この要求にこたえる義務を、今日の書物は背負っている。だが、その義務は、たんに専門的知識の通俗化をはかることによって果たされるものでもなく、通俗的好奇心にうったえて、いたずらに発行部数の巨大さを誇ることによって果たされるものでもない。現代を真摯に生きようとする読者に、真に知るに価いする知識だけを選びだして提供すること、これが中公新書の最大の目標である。

私たちは、知識として錯覚しているものによってしばしば動かされ、裏切られる。私たちは、作為によってあたえられた知識のうえに生きることがあまりに多く、ゆるぎない事実を通して思索することがあまりにすくない。中公新書が、その一貫した特色として自らに課すものは、この事実のみの持つ無条件の説得力を発揮させることである。現代にあらたな意味を投げかけるべく待機している過去の歴史的事実もまた、中公新書によって数多く発掘されるであろう。

中公新書は、現代を自らの眼で見つめようとする、逞しい知的な読者の活力となることを欲している。

一九六二年一一月

中公新書 RC 1886

日本史

中公新書

言語・文学・エッセイ

j2